1 | Thaerplatz

»Thaers Wirtshaus« Mo–So 12–23 Uhr

Der Stadtrundgang durch die wunderschöne Stadt Celle beginnt am Thaerplatz, der an den bedeutendsten Sohn der Stadt, den Agrarreformer **Albrecht Daniel Thaer**, erinnert. Das von Carl Ferdinand Hartzer entworfene Denkmal des Wissenschaftlers zeigt Thaer mit dem Pflug in der linken und einer zur lehrenden Geste erhobenen rechten Hand. Ursprünglich war es in den 1873 neu eröffneten Triftanlagen aufgestellt worden. 1960 mussten die Grünanlagen wegen zunehmenden Straßenverkehrs verkleinert werden, und Thaers Marmorstandbild wanderte in den Schlosspark. 1998 bezog das Denkmal dann seinen heutigen Platz auf dem Thaerplatz, der seit 1945 seinen Namen trägt.

Dem Denkmal gegenüber befindet sich das beeindruckende Gebäude des 1909 gebauten Veranstaltungszentrums Congress Union. Dort ist ein Gastronomiebetrieb untergebracht, der den Namen des Agrarreformers im Titel führt und sich auch mit dem Konterfei des berühmten Mannes schmückt.

Albrecht Daniel Thaer
1752–1828, Begründer der Agrarwissenschaft. Thaer entwickelte u.a. den Fruchtwechsel als Gegenentwurf zur Drei-Felder-Wirtschaft. Auf seinem Celler Mustergut Thaers Garten erprobte er moderne Anbaumethoden und verknüpfte sie mit betriebswirtschaftlichem Wissen. Mit zahlreichen Publikationen und in seinem Lehrinstitut gab Thaer seine Erkenntnisse einer interessierten Öffentlichkeit weiter. 1804 siedelte er ins brandenburgische Möglin um und weitete seine Lehr- und Forschungsarbeit aus. 1810 von Humboldt als Professor berufen, wirkte er an der Ausarbeitung der preußischen Agrarreformen mit.

Vom Thaerplatz führt die Straße Trift durch die Westceller Vorstadt. Celles letzter Herzog Georg Wilhelm hatte ab 1680 den Umbau der Trift in eine breite barocke Prachtstraße geplant, in der Hofbeamte und wohlhabende Hugenotten wohnten. Der Plan kam allerdings nicht zur vollständigen Ausführung. Aus dieser Zeit sind zwar einige Gebäude erhalten, aber ihre einst prächtigen Gärten wurden mittlerweile überbaut. Ab 1710 entstand an der Trift das zentrale »Zucht-, Werk- und Tollhaus« des Kurfürstentums (heute Justizvollzugsanstalt, Trift 14). Es war die erste von drei »Abfindungen« nach Ende der Residenzzeit (siehe S. 12).

2 | Schlosspark

Linker Hand folgt man dem Fußweg in den Schlosspark. Für Celler Verhältnisse ist er noch recht jung. Erst um 1830 entstand unter Hofbaumeister Georg Ludwig Friedrich Laves eine erste Gartenanlage. Das heutige Erscheinungsbild eines englischen Landschaftsparks bekam der Schlosspark zwischen 1847 und 1866 vom hannoverschen Gartenbaumeister Christian Schaumburg. In den Zeiten davor war der Schlossbezirk nicht frei zugänglich, einen Schlosspark gab es nicht. Stattdessen nahmen Befestigungsanlagen den Großteil des Areals ein. Fünf Bastionen und hohe Wälle waren um das Schloss herum angeordnet. Mit ihrem Abbruch wurde 1785 begonnen, mit dem dabei gewonnenen Bauschutt wurden der damals deutlich breitere Schlossgraben aufgefüllt sowie Ufer und Straßen befestigt. Durch den Abriss einer Reithalle und des Kornspeichers im Süden des Schlosses im Jahr 1844 bekam das Gelände seine heutige Gestalt und konnte zur Parkanlage umgestaltet werden.

Die Bronzeskulptur »Hengst Wohlklang in der Freiheitsdressur« wurde 1985 zum 250-jährigen Jubiläum zunächst auf dem Paradeplatz im **Landgestüt** enthüllt. Nach der traditionellen Hengstparade wurde das vom Worpsweder Künstler Ulrich Conrad gestaltete Kunstwerk an seinen Platz im Schlosspark versetzt. Mit dem Schloss im Hintergrund bildet es ein überaus beliebtes Fotomotiv. Wohlklang war ein Zuchthengst, der von 1962 bis 1986 lebte.

Das **Celler Landgestüt** wurde 1735 auf Befehl des britischen Königs und hannoverschen Kurfürsten Georg II. »zur Erhaltung einer guten Pferdezucht in unseren teutschen Landen« gegründet. Es verfügt bis heute als »hippologisches Tafelsilber Niedersachsens« über einen hervorragenden Ruf. Auf dem weitläufigen Gelände an der Fuhse, zwischen Jägerstraße, Alter Grenze und Spörckenstraße gelegen, wird seit 1905 die alljährliche Hengstparade veranstaltet. Die traditionelle Vorführung der Celler Landbeschäler dient der Präsentation des vielseitigen Könnens der berühmten Zuchthengste und zieht an den letzten beiden September-Wochenenden Besucher aus der ganzen Welt nach Celle. Besondere Höhepunkte bieten die Vorführungen der Gespanne. (Ganzjährige Besichtigung des Gestüts Mo–Sa 8–12 Uhr, Mo–Do 13–16 Uhr)

3 | Schloss

Residenzstadt Celle
Celle hatte im Lüneburger Erbfolgekrieg (1370–1388) zusätzliche Bedeutung gewonnen, denn nachdem die Lüneburger Bürger im Februar 1371 die Burg der Welfen auf dem Kalkberg zerstört hatten, verlegte Herzog Magnus II. Torquatus sein Heerlager an die Aller. Sein Sohn Bernhard machte Celle im Juli 1433 schließlich zur dauerhaften Residenz der Herzöge von Braunschweig-Lüneburg. Seitdem war die Stadt das Machtzentrum des Fürstentums Lüneburg. Mit Herzog Georg Wilhelms Tod fiel das Fürstentum 1705 an das Kurfürstentum Hannover und die fast dreihundert Jahre währende Epoche Celles als bedeutende Residenzstadt endete.

Residenzmuseum Mai–Okt.: Di–So 10–17 Uhr; Nov.–Apr.: Di–So 11–16 Uhr
Schlosskapelle, -theater und -küche nur im Rahmen von Führungen Apr.–Okt./1.–3. Adventswochenende: Di–Fr/So 11/13/15 Uhr, Sa 11/12/13/14/15 Uhr; Nov.–März: Di–Fr 12/14 Uhr, Sa/So 12/13/14 Uhr
Theaterkasse Mo–Fr 10–18 Uhr, Sa 10–13 Uhr (Markt 18)

Das Celler Welfenschloss zählt zu den bedeutendsten Schlössern Niedersachsens. Es war von 1433 bis 1705 **Residenz** der Herzöge von Braunschweig-Lüneburg und damit das Machtzentrum des Fürstentums Lüneburg. Bereits vor 1292 stand an dieser Stelle, im Mündungswinkel zwischen Aller und Fuhse, ein Wehrturm, der den wichtigen Allerübergang bewachte. Herzog Otto der Strenge veranlasste im Zuge der **Stadtverlegung** 1292 den Ausbau zur Burganlage. Im Verlauf des Lüneburger Erbfolgekrieges begann die Umgestaltung zum Schloss. Nachdem das Celler Schloss 1433 zur dauerhaften Residenz des Fürstentums geworden war, ging der Ausbau stetig voran.

Die **Schlosskapelle** wurde 1485 durch den Bischof von Hildesheim eingeweiht. Herzog Wilhelm der Jüngere ließ sie in den Jahren 1565–1576 entscheidend ausbauen, mit Apostelfiguren, Engeln und 76 frühprotestantischen Gemälden ausschmücken. Diese einzigartige Ausstattung macht die Celler Schlosskapelle heute zu einem kulturhistorischen Schmuckstück. Sie ist das einzige Gotteshaus nördlich der Alpen mit vollständig erhaltener Renaissance-Ausstattung. Aus konservatorischen Gründen kann die Kapelle allerdings nur durch eine Glasscheibe besichtigt werden.

Seine größte Blüte erlebte das Celler Schloss in der Regierungszeit von Herzog **Georg Wilhelm**. Der Herzog war ein großer Liebhaber italienischer Barockschlösser und holte entsprechende Baumeister in seine Residenzstadt. Nach Plänen des aus Venedig stammenden Architekten Lorenzo Bedogni begannen 1670 die Arbeiten unter Leitung von Giuseppe Arighini aus Brescia. Erst in dieser Zeit entstand die geschlossene Vierflügelanlage. Besonders im Inneren herrschte barocke Pracht. Insgesamt 17 Räume ließ der Herzog mit prunkvollen Stuckdecken des italienischen Barockkünstlers Giovanni Battista Tornielli verzieren. Die wiederhergerichteten Staatsgemächer vermitteln dem heutigen Betrachter deutliche Eindrücke des absolutistischen Herrschaftsanspruchs. Diese Prunkräume im Nordflügel dienten allerdings nur

Georg Wilhelm
1624–1705, Herzog von Braunschweig-Lüneburg. Unter ihrem letzten Herzog erlebte die Residenzstadt Celle zugleich Höhepunkt und Ende. Gemäß der Erbfolge regierte er zunächst das Fürstentum Calenberg mit der Residenz Hannover. Nach dem Tod seines älteren Bruders übernahm er 1665 das Fürstentum Lüneburg. Calenberg überließ er seinem jüngsten Bruder Ernst August, dem er 1658 bereits seine Verlobte Sophie von der Pfalz überlassen hatte (»Brauttausch«). Er heiratete in Celle die Hugenottin Eleonore d'Olbreuse. Die gemeinsame Tochter Sophie Dorothea wurde später zur unglücklichen Prinzessin von Ahlden.

zur Repräsentation und für besondere Anlässe. Der Herzog bewohnte stattdessen den zweiten Stock des Ostflügels, die Herzogin das Stockwerk darüber.

Nach dem Tode Herzog Georg Wilhelms wurde die Celler Residenz aufgelöst, der Hofstaat zog nach Hannover. Das Schloss stand längere Zeit leer. In Person der dänischen Königin Caroline Mathilde zog 1772 wieder ein gekröntes Haupt in das Welfenschloss. Die junge Monarchin war von ihrem Ehemann geschieden und von ihren Kindern getrennt worden. Ihr Bruder, der britische König Georg III., hatte dafür gesorgt, dass sie im Celler Schloss unterkommen konnte. Sie wurde in Celle überschwänglich begrüßt. Groß war die Hoffnung der Bürger, dass die Stadt wieder an Bedeutung gewinnen könnte. Aber daraus wurde nichts. Bereits am 10. Mai 1775 starb Caroline Mathilde an einer Infektionskrankheit und wurde wegen Ansteckungsgefahr noch in derselben Nacht in der Fürstengruft beigesetzt.

Ab 1837 war das Celler Schloss die Sommerresidenz des hannoverschen Königs Ernst August. Aus diesem Grund wurde der führende Architekt des Königreichs, Oberhofbaurat Georg Ludwig Friedrich Laves, mit verschiedenen Umbauten am alten Welfenschloss beauftragt. Er richtete einen Festsaal im Südflügel ein und legte die zweite Einfahrt an. Beide Portale wurden mit dem königlichen Wappen gekrönt. Ein alter hölzerner Treppenturm wurde von Laves entfernt und durch ein geräumiges Treppenhaus mit zwei Verbindungskorridoren ersetzt. In der Regierungszeit von König Georg V. wurden 1855 das Theater und 1865 die Schlosskapelle wieder hergerichtet. Die für Juni 1866 geplante Einweihung der Kapelle durch den König konnte wegen der politischen Entwicklungen jedoch nicht mehr stattfinden.

Nach der preußischen Annexion des Königreichs Hannover stand das Schloss wieder längere Zeit leer. Während des Ersten Weltkriegs diente es als Kriegsgefangenenlager der besonderen Art. Etwa 250 »Zivilgefangene höherer Lebensstellung« waren dort interniert. Nach dem Ersten Weltkrieg zog unter anderem das Finanzamt ein, und im Erdgeschoss des Ostflügels war zeitweise eine Jugendherberge untergebracht. Ab 1934 wurde im Schloss das Landeserbhofgericht eingerichtet. Nach Ende des Zweiten Weltkriegs diente das Schloss als

Stadtverlegung

Das Dorf Altencelle (heute Celler Stadtteil) wurde 986 erstmals als »Kellu« erwähnt und 1249 mit dem Stadtrecht ausgestattet. Herzog Otto der Strenge verlegte die Stadt 1292 an ihren heutigen Platz bei einer schon bestehenden Burg, da Stromschnellen die Aller-Schifffahrt behindert hatten und der Oberlauf des Flusses zunehmend versandete. Unterhalb des »neuen« Celle war die Aller weiterhin schiffbar. Vor allem Getreide aus Braunschweig wurde hier auf Schiffe umgeladen. Zudem eignete sich der neue Allerübergang gut zur Erhebung von Zöllen. Den Bürgern, die dem Herzog aus Altencelle folgten, versprach er zehn Jahre Abgabenfreiheit, eigene Weiderechte, Grundzinsfreiheit und andere Vergünstigungen. Dem Aufruf folgten so viele, dass die heutigen Straßen Stechbahn, Markt, Kanzleistraße, Schuhstraße, Heiliges Kreuz und Zöllnerstraße sofort angelegt und bebaut wurden.

Links: Schlosskapelle

Staatsgemach

Kunstgutlager der Britischen Besatzungszone: Knapp 5000 Kisten mit Kunstwerken und über 500 Gemälde wurden dort inventarisiert, restauriert und schließlich zurückgeführt. Von Mai 1946 bis Januar 1958 wurden in 29 Ausstellungen einige der Kunstschätze der Öffentlichkeit präsentiert.

Eigentümer des Schlosses ist heute das Land Niedersachsen. Der Südflügel beherbergt in seinen repräsentativen Räumen seit 1998 die Deutsche Management-Akademie Niedersachsen. Ab 1990 wurden der Rittersaal, die Gotische Halle sowie weitere Teile des Schlosses ausgebaut, um sie für Veranstaltungen und Ausstellungen nutzen zu können. Einige Räume wurden 1994 dem Bomann-Museum zur Einrichtung der landesgeschichtlichen Abteilung zur Verfügung gestellt. Im **Residenzmuseum** wird die umfangreiche Geschichte dargestellt, fürstliche Lebenswelten werden erlebbar gemacht. Im Rahmen von Themen- und Kostümführungen oder allein können die barocken Staatsgemächer und viele modern inszenierte Räume mit beeindruckenden Gemälden, wertvollem Mobiliar und ausgewählten Kostbarkeiten erkundet werden.

Neben dem Residenzmuseum beherbergt das Schloss das älteste heute noch bespielte Barocktheater

Liebe Leserinnen und Leser,
vielen Dank, dass Sie sich für einen Lehmstedt Reiseführer entschieden haben. Wir freuen uns, Ihre Meinung zu erfahren. Bitte schreiben Sie uns, wenn Sie Anregungen, Empfehlungen oder Berichtigungen haben. Gut verwertbare Informationen belohnen wir mit einem kostenfreien Lehmstedt Stadtführer Ihrer Wahl! Vielen Dank!

Ich habe diese Karte folgendem Reiseführer entnommen:

____

❑ Bitte senden Sie mir regelmäßig kostenfrei und unverbindlich die Kataloge Ihrer Neuerscheinungen zu.

Ich möchte gern folgende Bücher aus Ihrem Verlagsprogramm bestellen und bitte um Lieferung gegen Rechnung an die umseitig genannte Adresse.

Anzahl	Autor, Titel

Ab einem Bestellwert von 20 € ist die Lieferung innerhalb Deutschlands versandkostenfrei.

info@lehmstedt.de

Unsere Datenschutzerklärung finden Sie unter www.lehmstedt.de.

Vorname und Name

Straße und Hausnummer

PLZ und Ort

E-Mail-Adresse

Datum und Unterschrift

An den
Lehmstedt Verlag
Hainstraße 1
D–04109 Leipzig

Europas. Das **Schlosstheater** wurde bis 1674 auf den Grundmauern des alten Bergfrieds erbaut. Baumeister war Giuseppe Arighini, der auch die Schlossfassade gestaltete. Zunächst wurde das Theater lediglich als Komödiantensaal genutzt. 1690 verpflichtete Herzog Georg Wilhelm dann eine italienische Theatergruppe, die Opern aufführte. Von 1768 bis 1772 war der Theaterbetrieb wegen Dachschäden vorübergehend in das Große Reithaus ausgelagert. Für den Aufenthalt von Königin Caroline Mathilde wurde das Theater zeitgenössisch barock gestaltet. Aus feuerpolizeilichen Gründen musste es 1890 geschlossen werden. Um 1935 wurde das Theater im vermeintlichen Stil des Barock ohne Rücksicht auf Befunde umgebaut. Seit 1950 verfügt das Schlosstheater über ein festes Ensemble. Bei einer umfassenden Sanierung 2010/12 wurde es wieder in das Erscheinungsbild der Zeit Caroline Mathildes im 18. Jahrhundert zurückversetzt und bietet seither modernes und anspruchsvolles Theater in historischer Kulisse. Der Zuschauerraum verfügt über 330 Sitzplätze. Zusätzlich werden zwei Studiobühnen (Malersaal und Turmbühne) und die HALLE 19 auf dem Gelände der CD-Kaserne bespielt, von Juni bis August wird Freiluft-Theater im Schlosshof geboten.

Schlosstheater

Schlossküche

4 | Bomann-Museum

Di–So 11–17 Uhr

Wilhelm Bomann
1848–1926, Fabrikant. Der Sohn des Besitzers einer Wollgarnspinnerei und -färberei besuchte das Celler Gymnasium, lernte Kaufmann in Bielefeld und arbeitete anschließend in der Filiale seines Vaters in New York. 1877 übernahm er nach dem Tod des Vaters die Firma, übergab sie 1909 seinem Adoptivsohn Fritz Wierß, der sie 1912 verkaufte. Bomanns Leidenschaft galt der Heimatkunde. Er war leidenschaftlicher Sammler alter Gebrauchsgegenstände, Mitbegründer des Celler Museumsvereins und erster Direktor des 1907 eröffneten Museums. Celle ernannte ihn 1907 zum Ehrenbürger, das Preußische Kultusministerium 1918 zum Ehrenprofessor.

Bereits 1892 kam es zur Gründung des Celler Museumsvereins, der zunächst eine provisorische Ausstellung in einem Haus an der Bergstraße unterhielt. 1907 konnte dann der Museumsneubau am Schlossplatz als »Vaterländisches Museum« eröffnet werden. Alle Architekturstile der Stadt sollten sich seinerzeit im Gebäudeentwurf des Architekten Alfred Sasse aus Hannover widerspiegeln – der Schriftsteller Hermann Löns soll es einen »veritablen Architekturpudding« genannt haben. 1928 erfolgte zu Ehren des Mitbegründers und ersten Direktors **Wilhelm Bomann** die Umbenennung des Museums. An der Ecke Stechbahn ist eine Statue des Herzogs Otto des Strengen am Museum angebracht. Sein Blick ist auf das Schloss gerichtet – schließlich war er es, der im Rahmen der Stadtverlegung von 1292 für den Ausbau zur Burganlage verantwortlich war.

Das Bomann-Museum ist eines der modernsten und größten kulturgeschichtlichen Museen in Niedersachsen, das seine umfangreichen Sammlungen zur Kulturgeschichte von Stadt und Region, zur Landesgeschichte des Königreichs Hannover sowie zur Volkskunde Niedersachsens in der 2013 vollständig neu gestalteten Dauerausstellung präsentiert. Außerdem werden wechselnde Sonderausstellungen gezeigt. Die museumspädagogische Abteilung bietet Besuchern aller Altersgruppen ein breit gefächertes Programm.

Traditionelle Markenzeichen des Hauses sind seit der Gründungszeit: das Heidezimmer mit den typischen Bienenzäunen und Lüneburger Stülpern, das eingebaute niederdeutsche Hallenhaus als erlebbares Beispiel bäuerlicher Lebensweise sowie die »Ehrenhalle der Hannoverschen Armee« mit dem von Kaiser Wilhelm II. gestifteten Monumentalgemälde »Gefecht an der Göhrde« des Schlachtenmalers Carl Röching aus Charlottenburg. Der Kaiser kam im Juni 1911 zur Enthüllung nach Celle.

Zum vielfältigen Angebot des Museums gehört auch die Präsentation moderner Kunst. Das Kunstmuseum Celle mit der Sammlung Robert Simon wurde dem Bomann-Museum 1993 angegliedert. 2005 wurde der Glaskubus eingeweiht – das erste 24-Stunden-Kunstmuseum der Welt. Tagsüber kann innen moderne Kunst vom frühen 20. Jahrhundert bis zur Gegenwart besichtigt werden und von 17 bis 11 Uhr wechselt der Glaskubus seine Farbe und strahlt in die Nacht.

Ehrenhalle

5| Oberlandesgericht

»Abfindungen«
Das zentrale »Zucht-, Werk- und Tollhaus« des Kurfürstentums entstand 1710–1724 an der Trift. Dass die Celler Bürger damals die Wahl zwischen Gefängnis oder Universität hatten und sich aus Angst um ihre Töchter für die eingesperrten Männer entschieden haben, ist eine widerlegte Legende. Heute ist die JVA Celle das Hochsicherheitsgefängnis Niedersachsens für mehr als 200 Schwerverbrecher. Mit dem Oberappellationsgericht wurde Celle 1711 zum Sitz des höchsten Gerichts des Landes, und seit 1735 werden im Landgestüt die edlen Hannoveraner Hengste gezüchtet, die bis heute Weltruf genießen.

Als Celles Zeit als Residenzstadt 1705 endete, drohte die Stadt in der Bedeutungslosigkeit zu versinken. Um den erlittenen Verlust auszugleichen, richtete die Regierung drei wichtige Institutionen in der Allerstadt ein, als eine Art von **»Abfindungen«**. Im Oktober 1711 wurde das neu gegründete Oberappellationsgericht feierlich eröffnet. Es war seinerzeit das oberste Gericht im Kurfürstentum Hannover. Gemeinsam mit dem Hofgericht tagte es in der alten Kanzlei, bis es 1843 in den Neubau am Schlossplatz umziehen konnte. Die lateinische Inschrift am Dachfirst nennt das Jahr des Baubeginns – 1840. Seit 1879 trägt es den Namen Oberlandesgericht (OLG). Bis heute gab es mehrere bauliche Erweiterungen. Ab 1931 entstanden die OLG-Gebäude an der Kanzleistraße, und bis 1961 wurde der zeitgemäß schlichte Hochhausanbau an der Mühlenstraße errichtet. Dort ist unter anderem die äußerst umfangreiche und gut sortierte OLG-Bibliothek untergebracht. Gemeinsam mit dem Amtsgericht (Mühlenstraße 8) und dem Landessozialgericht Niedersachsen-Bremen (Georg-Wilhelm-Straße 1) prägt das Oberlandesgericht Celles Ruf als Juristenstadt. Es ist eines der ältesten Oberlandesgerichte Deutschlands.

6 | Kalandgasse

Die malerische Kalandgasse ist wohl Celles schönste Gasse. Ihren Namen hat sie von der bereits in Altencelle gegründeten Kalandbruderschaft. Diese religiöse Gemeinschaft sammelte Almosen, pflegte Kranke und sorgte für Bildung. In der Kalandgasse Nr. 5 befand sich Celles älteste Schule, die 1328 erstmals erwähnte Lateinschule. Der kleine Platz davor musste seinerzeit als Schulhof genügen – 1613 hatte die Schule immerhin schon rund 300 Schüler. Die Schule zog als Königliches Gymnasium 1843 in einen Neubau (siehe S. 48). Seit 1928, anlässlich der Celler 400-Jahr-Feier der Reformation und zu Ehren von Herzog Ernst dem Bekenner, trägt die Schule den Namen Gymnasium Ernestinum. Die traditionsreiche Lehranstalt bezog 1978 das Schulzentrum an der Burgstraße. Das Fachwerk des ehemaligen Schulgebäudes in der Kalandgasse ist mit reichem Schnitzwerk und Beschlagornamenten von 1603 geschmückt. Die überaus zahlreichen vergoldeten deutschen und lateinischen Balkeninschriften stellen Bibelzitate dar und beziehen sich auf den Zweck der Gebäude. Heute übt hier unter anderem die Celler Stadtkantorei. Auch die Verwaltung des Bomann-Museums ist an der Kalandgasse untergebracht.

7 | St. Marien

Besichtigung Di–Sa 11–17 Uhr;
Turmbesteigung Di–Sa 11–15.30 Uhr;
Fürstengruft-Führung Mi/Do 16 Uhr

Die äußerlich schlichte, querschifflose Stadtkirche wurde im Zuge der Stadtverlegung 1292 als dreischiffige gotische Hallenkirche aus Backstein erbaut und im Juni 1308 erstmals urkundlich erwähnt. Besondere Bedeutung erlangte sie zur Zeit der Reformation, als Herzog Ernst der Bekenner Celle zum Mittelpunkt der Reformation in Nordwestdeutschland machte. Der von Luther empfohlene frühere Mönch Gottschalk Kruse begann 1524, in der Stadtkirche evangelisch zu predigen, und machte sie zum geistlichen Zentrum der Protestanten in Celle. Seitdem hatte der städtische Magistrat das Patronat über die Kirche inne, das er erst 1921 an die evangelische Landeskirche abgab. Das landesherrliche Kirchenregiment des Chorraums war bereits 1919 aufgehoben worden. Vor allem während der Celler Residenzzeit stifteten die Herzöge zahlreiche Objekte, die heute den großen kunsthistorischen Reiz der Stadtkirche ausmachen.

Ursprünglich gab es außer dem der Jungfrau Maria geweihten Hochaltar mindestens 14 Nebenaltäre, die der Heiligen- und Reliquienverehrung dienten. Sie wurden abgebaut, nachdem die Reformation in Celle Einzug gehalten hatte; lediglich die »Passion«, die Kreuzigungsgruppe über dem Chor, blieb erhalten.

Den mit wertvollen Intarsien versehenen **Fürstenstuhl** (Fürstenprieche) ließ Herzog Wilhelm der Jüngere 1566 einbauen, um während der Umgestaltung der Schlosskapelle mit seiner Familie an den Gottesdiensten teilnehmen zu können. Er trägt im reichen Intarsienschmuck die Ahnenwappen des Herzogspaares. Auf Anordnung des Herzogs wurde 1576 der Chorraum erweitert. Hier ließ er außerdem das beeindruckende **Epitaph** für seine Eltern, Ernst den Bekenner und Sophie von Mecklenburg, aufstellen. Es gilt als herausragendes Beispiel für die Selbstdarstellung protestantischer Frömmigkeit in der Renaissancezeit. Die daneben stehenden, bis 1707 entstandenen barocken Grabdenkmäler welfischer Herzöge und ihrer Frauen dokumentieren eindrucksvoll die

Wilhelm der Jüngere
1535–1592, Herzog von Braunschweig-Lüneburg. Nach dem frühen Tod seines Vaters Ernst I. hatten in Celle zunächst Räte die Regierung übernommen, bis zur Volljährigkeit der Söhne. Ab 1559 regierten Wilhelm und Heinrich gemeinsam, ab 1569 führte Wilhelm der Jüngere die Regierung in Celle allein fort. Er reformierte das Rechtswesen, führte das Hofgericht ein und förderte den Handel. 1576 veranlasste er den Bau der Fürstengruft. Wilhelm der Jüngere litt viele Jahre unter psychischen Erkrankungen, sodass er zeitweise in Gewahrsam genommen wurde und Räte an seiner statt die Regierungsgeschäfte führten.

weitere religions- und kunstgeschichtliche Entwicklung. Unter dem Chorraum ließ Wilhelm der Jüngere die **Fürstengruft** anlegen. Sie war Grablege der »Celler Linie« der Herzöge von Braunschweig-Lüneburg, beginnend 1592 mit Wilhelm dem Jüngeren bis zu Georg Wilhelm 1705. Später fanden Herzogin Eleonore und ihre unglückliche Tochter Sophie Dorothea hier ihre letzte Ruhe. Die »Prinzessin von Ahlden« wurde heimlich des Nachts in die Gruft geschafft. Letzter »Zugang« der Fürstengruft war 1775 die ehemalige Königin von Dänemark und Norwegen, Caroline Mathilde. Auch sie wurde nachts bestattet, weil sie an einer ansteckenden Krankheit gestorben war. In der Fürstengruft, die bis heute Privatbesitz der Welfen ist, stehen 20 teilweise prächtig ausgestattete Särge, darunter drei Kindersärge. In einem Zinkkasten soll sich Herzog Georg Wilhelms Herz befinden.

Erwähnenswert sind der von Herzog August dem Älteren 1610 gestiftete, mit Bibelszenen geschmückte **Taufstein** und der von dessen Bruder Herzog Christian 1613 in Auftrag gegebene prachtvolle **Flügelaltar** mit den Darstellungen der Abendmahlszene, Kreuzigung und Auferstehung.

Anlässlich seiner Hochzeit mit Dorothee von Holstein-Glücksburg stiftete Herzog Christian Ludwig 1653 eine prachtvolle **Orgel**, deren barockes Orgelprospekt bis heute erhalten ist. Das eigentliche Instrument ist im Laufe der Jahrhunderte mehrfach verändert worden. In den Jahren 1997/99 rekonstruierte man die Orgel von 1687.

Herzog Christian Ludwig ließ 1654 auch einen besonderen Zugang zur Stadtkirche bauen, damit die herzogliche Familie die Fürstenprieche betreten konnte, wenn das Tor zwischen Schlossplatz und Stechbahn noch geschlossen war. Dieser »Rote Gang« begann im Treppenturm des alten Burgvogteigebäudes (anstelle des heutigen Bomann-Museums) und führte in Höhe des ersten Stocks durch die alte Apotheke in die Stadtkirche. Er wurde 1774 abgebrochen.

Ab 1676 wurden unter Herzog Georg Wilhelm die baufälligen gotischen Gewölbe des Mittelschiffs und der Seitenschiffe durch hölzerne Tonnengewölbe ersetzt. Im Zuge dieses Umbaus verzierte Giovanni Battista Tornielli, der auch im Schloss zahlreiche Räume gestaltete, bis 1681 die **Decke** mit künstlerisch anspruchsvollen Stuckarbei-

Eleonore d'Olbreuse
1639–1722, Herzogin von Braunschweig-Lüneburg. Die Hugenottin aus französischem Landadel begegnete Herzog Georg Wilhelm 1664 in Kassel, wurde seine Mätresse und erhielt 1665 den Titel Frau von Harburg. Die gemeinsame Tochter Sophie Dorothea wurde 1666 geboren, aber erst 1674 legitimiert. Grund war eine Eheverzichtserklärung Georg Wilhelms gegenüber seinem Bruder Ernst August. 1676, nach der offiziellen Vermählung mit Georg Wilhelm, wurde Eleonore zur Herzogin von Braunschweig-Lüneburg erhoben. Ihr folgten viele Franzosen an den Celler Hof. Nach dem Tode des Herzogs lebte Eleonore in Lüneburg und kümmerte sich um ihre verbannte Tochter in Ahlden.

Sophie Dorothea
1666–1726, Kurprinzessin von Braunschweig-Lüneburg. Das einzige Kind von Herzog Georg Wilhelm und Eleonore d'Olbreuse musste wegen der Erbabsprachen ihres Vaters 1682 ihren Cousin Georg Ludwig heiraten. Nach der Geburt zweier Kinder begann Sophie Dorothea eine Affäre mit Philipp Christoph Graf von Königsmarck und soll Fluchtpläne geschmiedet haben. Der Plan wurde verraten, und im Juli 1694 verschwand Graf Königsmarck spurlos. Sophie Dorothea wurde geschieden und lebenslang nach Ahlden verbannt. Sie durfte ihre Kinder nie wieder sehen. Georg Ludwig wurde 1714 als Georg I. König von Großbritannien und Irland.

ten im Stil des italienischen Hochbarocks. Das ist einmalig im norddeutschen Raum und verleiht der Celler Stadtkirche bis heute eine beeindruckende barocke Pracht. Die Darstellungen sollten der Gemeinde eine Vorstellung vom himmlischen Paradies vermitteln, das die figürlich dargestellten zwölf Apostel schon erreicht haben.

Die **Kanzel** stammt von 1683. Um mehr Platz für die gewachsene Stadtbevölkerung zu schaffen, wurden 1683/85 die **Emporen** eingebaut. Die einzigartige Bebilderung der Brüstung, deren Farbigkeit einen reizvollen Kontrast zur Stuckdecke bietet, wurde 1695/98 von Celler Malerwerkstätten ausgeführt. Die Themen sind im Südteil des Langhauses dem Alten Testament und im Nordteil dem Neuen Testament entnommen; Vorlagen bot unter anderem die Sternsche Lutherbibel aus Lüneburg. Mit mehr als 100 biblischen Szenen und Gestalten umziehen die Emporenbilder das Mittelschiff. Auf diese Weise sollte auch den Analphabeten während der Predigt die biblische Geschichte nähergebracht werden.

Im linken Seitenschiff der Stadtkirche wurde 1819 eine große eiserne **Gedächtnistafel** für die Celler Gefallenen der Befreiungskriege gegen Napoleon aufgehängt. Sie ist die älteste ihrer Art und trägt die Namen von 27 Angehörigen der »King's German Legion«. Sie sind nach englischer Tradition in alphabetischer Reihenfolge aufgelistet und nicht nach Rängen. Zahlreiche Soldaten und Offiziere hatten sich nach der französischen Besetzung des Kurfürstentums Hannover nach England abgesetzt und der 1803 von König Georg III. gegründeten Legion (1816 aufgelöst) angeschlossen.

Ihren 74 Meter hohen **Turm** bekam die Stadtkirche erst 1913. Ein 1471 erwähnter Turm war 1530 wegen Baufälligkeit abgebrochen worden. Danach gab es lange Zeit nur einen Dachreiter. Zweimal am Tag steigt der Turmbläser die zahlreichen Stufen hinauf und bläst einen Choral in die vier Himmelsrichtungen. Interessierte können die 235 Stufen zur Aussichtsebene in 52 Metern Höhe erklimmen und einen einzigartigen Blick über die Dächer der Stadt genießen. Viele Celler behaupten sogar, vom Kirchturm aus könne man bis zur Nordsee sehen. Und das stimmt! Allerdings meinen sie den Fischladen am Ende der Stechbahn.

Bei einer grundlegenden Renovierung 1967/68 bekam der Chorraum einen neuen Fußboden. Die alten Altarstufen fanden als Eingangstreppe zum Rathaus neue Verwendung. Bis 1536 wurden Bestattungen auf dem Kirchhof vorgenommen. Erst 1827 wurden die Mauern um den alten Kirchhof abgebrochen.

Epitaph im Altarraum

Taufstein

Ernst I.
1497–1546, genannt der Bekenner, Herzog von Braunschweig-Lüneburg. Ab 1512 studierte Ernst in Wittenberg, wo er mit den Lehren Luthers in Kontakt kam. 1520 übernahm er in Celle die Regierung des Fürstentums Lüneburg, zunächst gemeinsam mit seinen Brüdern, ab 1539 allein. Öffentlich bekannte sich Ernst 1525 zum protestantischen Glauben. Er reformierte das Kirchenwesen und wurde zur Triebfeder der Reformation Nordwestdeutschlands. 1530 unterzeichnete der bedeutende Renaissancefürst die »Augsburger Konfession« für Kaiser Karl V. und begann in Celle den Ausbau der Befestigungsanlagen und die Stadterweiterung.

8 | Stechbahn

Die Stechbahn gehört zu Celles ältesten Straßen. Alte Namen waren »Vor der Borg« (1540), »Kerkstrate« (1557), »Steckelbahn« (1660) und »Am Kirchhofe« (1768). Der heutige Name erinnert an hier veranstaltete Ritterturniere. Im reich illustrierten Turnierbuch Herzog Heinrich des Mittleren, der von 1486 bis 1520 regierte, werden 147 ritterliche Wettkämpfe beschrieben, von denen 18 auf Celles Stechbahn stattfanden. Die aufeinander zulaufenden Fontänen des Wasserspiels vor der Stadtkirche erinnern ebenso wie die nachgebildeten Turnierlanzen an die Lanzengänge der Ritter. Ein im Boden eingelassenes Hufeisen gedenkt Herzog Otto des Großmütigen, der hier 1471 bei einem Turnier schwer verletzt worden sein soll.

An der Stadtkirche steht ein Denkmal für Herzog **Ernst I.** Er hatte sich früh für den protestantischen Glauben eingesetzt und wesentlich zur Reformation beigetragen, weshalb er den Beinamen »der Bekenner« erhielt.

Heute wird die Stechbahn für Veranstaltungen genutzt. Jeden Mittwoch und Samstag wird hier und auf dem Markt vor dem Rathaus der traditionsreiche Wochenmarkt aufgebaut. Bereits 1306 bekam die Stadt das herzogliche Privileg, jeweils im Mai, September und November Jahrmärkte abhalten sowie wöchentlich einen Markt veranstalten zu dürfen. Gehandelt wurde v. a. mit den Produkten der Heide: Honig, Wachs und Wolle. 1618 kam mit dem Mittwoch ein zweiter Wochenmarkttag hinzu.

Die Fassade des Hotels »Celler Hof« (Nr. 11) wurde 1907 von Otto Haesler mit Neu-Rokoko- und Jugendstil-Elementen gestaltet.

»Ein Mann durchstößt die Pforte« (Jean Ipoustéguy, 1966)

9 | Altes Rathaus

Service- und Infocenter Mo–Fr 10–17 Uhr, Sa 9–13 Uhr
»Ratskeller« Di–Sa 11.30–15/ab 17.30 Uhr

Die Ursprünge des Rathauses liegen in der Zeit der Stadtverlegung von 1292, wenngleich entsprechende Spuren lediglich im Kellergewölbe zu finden sind. Erstmals urkundlich erwähnt wurde das Rathaus 1378, als der Ratskeller das herzogliche Privileg erhielt, Wein und »fremde Biere« ausschenken zu dürfen. Damit gilt er als eine der ältesten Gaststätten seiner Art in Deutschland.

Als Ausdruck des gewachsenen Einflusses und der Macht des Stadtrates gestalteten die herzoglichen Baumeister Frederic Soltesburg und Jacob Rieß das Celler

Ludwig Hölty
1748–1776, Dichter und Mitbegründer des Göttinger Hainbundes. Geboren im Dorf Mariensee bei Neustadt am Rübenberge als Pastorensohn, legte der Vater großen Wert auf die Ausbildung des Jungen und schickte ihn im Alter von 16 Jahren für drei Jahre an die Lateinschule nach Celle. Ab 1769 studierte Hölty Theologie und Sprachen in Göttingen. Er verfasste Gedichte und gründete mit einigen Freunden 1772 den Göttinger Hainbund. Seine Gedichte wurden u.a. von Mozart, Schubert und Brahms vertont. Im Alter von 27 Jahren starb Hölty in Hannover an Schwindsucht. Nach ihm ist das Celler Hölty-Gymnasium benannt.

Rathaus 1561–1579 im Zeitgeschmack der Renaissance um. Höhepunkt war der im Stile der Weserrenaissance gestaltete Nordgiebel von 1579. Die nötigen Steine kamen per Schiff aus Hameln. An den Verzierungen arbeiteten Künstler aus Antwerpen. 1580 kaufte der Stadtrat drei angrenzende Häuser und ließ sie durch Jacob Rieß bis 1593 als Rathauserweiterung umbauen. Dieses sogenannte Hochzeitshaus ist am leicht abgeknickten Grundriss zu erkennen. Es war 1785 baufällig und wurde durch einen Neubau klassizistisch überformt. 1938/40 wurde das Rathaus um fünf Meter nach Süden verlängert und der Ratskeller in seiner heutigen Form ausgebaut.

Die prachtvolle barocke Illusionsmalerei schmückte den nördlichen Teil des Gebäudes bereits 1697. Dieser Anstrich wurde 1985 bei Renovierungsarbeiten als eine von 16 verschiedenen Schichten freigelegt und 2006/09 erneut aufwendig restauriert. Bis 1999 war das Alte Rathaus Sitz der Stadtverwaltung. Es gibt viele Details zu entdecken, so etwa das alte Maß der Elle am Haupteingang oder die beiden Prangersäulen am Eingang zum Infocenter.

Am Haus Zöllnerstraße, Ecke Poststraße ist ein Glockenspiel installiert. Von April bis Oktober jeweils um 11, 13 und 17 Uhr ertönt es, und fünf Figuren der Stadtgeschichte – die Herzöge Otto der Strenge und Ernst der Bekenner, Königin Caroline Mathilde sowie die Schriftsteller **Ludwig Hölty** und Hermann Löns – erscheinen.

10 | Ehem. Warenhaus Freidberg

Gegenüber dem Haupteingang des Alten Rathauses befindet sich heute eine Thalia-Buchhandlung (ehemals Decius, Markt 4–6). Das Gebäude wurde 1899 als Warenhaus von Neumann Freidberg erbaut. Bereits 1906 stand die Erweiterung des erfolgreichen Kaufhauses an. Den dafür ausgelobten Architektenwettbewerb gewann **Otto Haesler**, der mit dem Umbau seinen ersten Auftrag in Celle verwirklichte. 1922 wurde das Gebäude abermals von ihm erweitert. Das Aussehen des Hauses ist nach zahlreichen späteren Umgestaltungen heute stark verändert.

Aufgrund ihres jüdischen Glaubens waren die Freidbergs gezwungen, ihr Geschäft 1936 aufzugeben und ihre Häuser zu verkaufen. Während es ihnen gelang, in die USA zu emigrieren, wurden drei Angestellte deportiert. Auch Haesler bekam in Celle Probleme, weil er außer Freidbergs weitere jüdische Auftraggeber und Förderer hatte.

Otto Haesler
1880–1962, Architekt. Über den Architekturwettbewerb für das Kaufhaus Freidberg kam er 1906 nach Celle. Hier fand Haesler weitere Auftraggeber und blieb. Nach dem Ersten Weltkrieg widmete er sich der Bekämpfung der Wohnungsnot. Seine Arbeit fand vielseitig Anerkennung, die Nationalsozialisten ordneten seine Entwürfe allerdings als »entartet« ein. 1934 zog Haesler nach Eutin. 1946–1955 plante Haesler den Wiederaufbau von Rathenow, 1950 wurde er Professor für sozialen Wohnungsbau. Haesler rationalisierte und industrialisierte das moderne Bauen und gehört zu den bedeutendsten Vertretern des Neuen Bauens.

Pipenposten
»Pipe« bedeutet Röhre und verweist auf die Celler Wasserkunst. Die erste Wasserleitung speiste 1530 insgesamt 36 öffentliche Brunnen. Ab 1569 wurden auch Privathäuser angeschlossen, vor allem solche mit eigenem Braurecht. 1668 versorgte die Wasserkunst bereits 72 Brunnen und 22 Notbrunnen. Die Pipenposten wurden oft versetzt, weil sie im Weg waren. 1900 übernahm das neue Wasserwerk die städtische Wasserversorgung. Daraufhin wurden die meisten Brunnen abgebrochen. Die goldenen Löwen waren 1914 eine Stiftung von Oberstleutnant Kurt von Adelebsen, der damit den Abriss der letzten Pipenposten verhinderte.

11 | Neue Straße

Die Neue Straße war Celles erste innerstädtische Stadterweiterung um 1400. 1472 wurde sie als »Niegenstrate«, 1562 als »Newestrate« bezeichnet. Viele schöne Fachwerkhäuser sind hier zu bewundern. Besonders hinzuweisen ist auf das »heimliche Rathaus von 1842« (Nr. 36). Im »Schweine-Schulze« sollen die Ratsherren seinerzeit nach ihren Sitzungen im Rathaus weiterverhandelt haben, bis mit viel Bier eine Einigung erreicht wurde. Heute gibt es hier rustikale, gutbürgerliche Küche.

Ein anschauliches Beispiel eines einfachen Handwerkerhauses stellt das Nachbarhaus (Nr. 35) dar. Es wird auf 1576 datiert, wobei der Erker erst 1611 vorgesetzt wurde. In Celle heißen diese Erker übrigens Utluchten (Ausblicke). Sie brachten Licht in die dunklen Häuser und waren außerdem hoch genug, um darin aufrecht stehen zu können. Im Gegensatz dazu waren (und sind) viele obere Stockwerke der alten Fachwerkhäuser sehr niedrig. Der erste bekannte Besitzer des Hauses war Clawes Pröve, ein Knochenhauer (Schlachter). Bis in das 19. Jahrhundert war das Haus von Knochenhauern bewohnt. Liebevoll restauriert, beherbergt es heute das Geschäft »Zapfhahn«. Empfehlenswert ist eine Pause im Innenhof.

12 | Brandplatz

Der Platz entstand nach einem verheerenden Großbrand am 27. Juli 1857. Insgesamt 27 Wohn- und Nebengebäude wurden ein Raub der Flammen. Die Brandbekämpfung war seinerzeit noch nicht gut organisiert; die Freiwillige Feuerwehr wurde erst 1864 gegründet. Die bis dahin dort vorhandene Querstraße (Lünshol) verschwand, der neu entstandene Platz blieb unbebaut und bekam den vielsagenden Namen. Auf dem Platz befindet sich ein Brunnen, einer der sogenannten **Pipenposten**. Dieser steht jedoch nicht an seinem historischen Platz, sondern wurde 1913 hierhin umgesetzt. Seit demselben Jahr gibt es hier auch das Kino »Kammer-Lichtspiele«. Es wurde im ehemaligen Stadttheater von 1879 eröffnet, das seit 1889 als Celler Gesellschaftshaus genutzt wurde. Der Stadtrundgang führt quer über den Platz in die Schuhstraße.

Rechts: Blick in die Neue Straße

EL PASO

Thaers Geburtshaus und ehemalige Ratsbadestube (Schuhstraße 26 und 27)

13 | Thaers Geburtshaus

Eine Holztafel am Gebäude Schuhstraße 26 verweist auf den bedeutendsten Sohn der Stadt. Albrecht Daniel Thaer wurde hier am 14. Mai 1752 geboren. Er war das zweite von sieben Kindern des 1708 in Sachsen geborenen Celler Hofmedicus Johann Friedrich Thaer, der 1744 mit Sophie Elisabeth Saffe eine Familie gegründet hatte. Die Mutter starb 1762 im Alter von nur 34 Jahren. Der Vater hatte wenig Zeit für die Kinder, sodass Hauslehrer die Erziehung übernahmen. Mit 14 Jahren kam Thaer an die höhere Bürgerschule, verließ sie auf eigenen Wunsch nach zwei Jahren wieder und nahm stattdessen privaten Lateinunterricht. Die für ihn später wichtigen Grundkenntnisse der Naturwissenschaften, Botanik und Anatomie vermittelte ihm Hofmedicus Johann Taube. Es war die Zeit der Aufklärung, als der junge Mann in Göttingen 1770 sein Medizinstudium aufnahm. Seine Freunde waren Johann Anton Leisewitz und Ludwig Hölty. Die jungen Männer pflegten Kontakt zu Gotthold Ephraim Lessing, Christoph Martin Wieland, Gottfried August Bürger und Moses Mendelssohn.

Im Nebenhaus in der Schuhstraße 27 war ursprünglich die Ratsbadestube untergebracht, die von 1526 bis 1730 zur Gesundheitspflege der Stadtbevölkerung diente.

Heute befindet sich in dem sehenswerten Gebäude eine Keramikwerkstatt.

14 | Pfennigbrücke

Bootsverleih Mai–Sep.: Mo 12–19 Uhr, Di–So 10–19 Uhr

An dieser Stelle bietet es sich an, den Rundgang zu unterbrechen und einen Abstecher an die Aller zu unternehmen. Von der Pfennigbrücke hat man malerische Blicke auf die »Stadt am Fluss« – das bedeutet Celles ursprünglicher Name »Kellu«. Herzog Otto hatte Celle 1464 das Monopol für die Kornschifffahrt auf der Aller bis Bremen zugesprochen. Bis gegen Ende des 16. Jahrhunderts florierte das Geschäft der Celler Kornhändler und brachte mancher Familie einen gewissen Wohlstand. Ihre Speichergebäude standen im Bereich zwischen Speicher- und Mühlenstraße. Mit der Öffnung der Elbe für den Verkehr zwischen Magdeburg und Hamburg begann der Niedergang für die Celler Kornschifffahrt. Zu einer Bootspartie lädt der Bootsverleih »AllerLeih« im Haus Fritzenwiese 49. Von der Brücke aus gesehen am linken Flussufer, hinter den Dammaschwiesen, lag **Thaers Garten**.

Thaers Garten
Kurz vor seiner Hochzeit mit Philippine von Willich im April 1786 hatte Thaer vor den Toren der Stadt 16 Morgen Land gekauft, die er durch Zukauf und Pachtung auf über 130 Morgen ausweitete. Dort ließ er ein stattliches Herrenhaus errichten, das er in den Sommermonaten bewohnte. Thaer legte Gärten an, pflanzte Bäume, züchtete Vieh und legte damit den Grundstein für seine Musterwirtschaft. Auch richtete er dort 1802 das erste deutsche landwirtschaftliche Lehrinstitut ein. Heute laden einer der größten Heilpflanzengärten Europas (März–Nov. 10–18 Uhr) sowie das »Café KräuThaer« und der »KräuThaer Laden« zum Besuch ein.

Am Heiligen Kreuz 26

15 | Am Heiligen Kreuz

Friedrich der Fromme
1418–1478, Herzog von Braunschweig-Lüneburg. Seit 1434 in Celle regierend, kam es unter seiner Herrschaft zu umfangreichen Baumaßnahmen am Schloss sowie zu Reformen zur Verbesserung der rechtlichen Situation der Bauern. 1452 holte er Franziskaner nach Celle und ließ ein Kloster errichten. 1457 dankte Friedrich zu Gunsten seiner Söhne Bernhard und Otto ab. Nach dem Tod der Söhne – an Otto erinnert das Hufeisen auf der Stechbahn – musste Friedrich das Kloster verlassen und 1471 für seinen dreijährigen Enkel Heinrich erneut die Regierung übernehmen.

Der Rundgang führt anschließend die Straße Am Heiligen Kreuz entlang. 1452 hatte Herzog **Friedrich der Fromme** ein Franziskanerkloster in Celle auf dem »Heylig Kreuz« gegründet. Die Klostergebäude reichten bis an die Stadtmauer heran und dehnten sich etwa über die heutigen Grundstücke Nr. 5–10 aus. Von 1457 bis 1471 lebte der Herzog sogar selbst dort und wurde schließlich 1478 in der Klosterkirche begraben – das erste Fürstenbegräbnis in Celle. Im Zuge der Reformation unter Herzog Ernst dem Bekenner kam es ab 1524 zum Streit mit den Mönchen. Wolf Cyclop, Leibarzt des Herzogs, trug eine öffentliche Fehde mit den Franziskanern aus und stellte deren alten Glauben in Frage. Der vom Herzog berufene, lutherische Prediger Gottschalk Kruse setzte den Streit mit den Bettelmönchen fort. 1526 verbot Herzog Ernst den Mönchen, das Kloster zu verlassen und in der Stadt zu betteln. Schließlich verwies der Herzog die uneinsichtigen Mönche 1528 der Stadt und ließ das Kloster abbrechen. Oberirdisch erinnert, außer dem Straßennamen, nichts mehr an die Geschichte des Klosters am Rande der Residenzstadt. Unter den Häusern 5–7 fanden sich später Reste des alten Klosterkellers.

16 | Zöllnerstraße

An der Abzweigung Zöllnerstraße lohnt sich ein Blick in diese Hauptgeschäftsstraße. Sie ist seit 1970 Fußgängerzone. Ihr Name stammt von der ehemaligen fürstlichen Zollbude. Alle ankommenden oder durchreisenden Händler mussten dort vorstellig werden und ihre Waren verzollen. An der Ecke steht das älteste datierte Fachwerkgebäude Celles (Am Heiligen Kreuz 26). Es wurde 1526 für den Ratsherrn Hans Dickmann gebaut. Charakteristisch sind der geschossweise vorkragende Giebel und die gotischen Ornamente (Treppenfries). Der Anbau stammt von 1634 – bis dahin hatte es eine offene Hofzufahrt gegeben. Von 1896 bis 1972 befand sich hier eine Schlachterei. Das Dachgeschoss des Hauses brannte 1962 aus. Bei einer umfassenden Renovierung 1973 erfolgte der tiefgreifende Umbau mit großen Schaufenstern und zusammenhängender Verkaufsfläche, wie sie moderne Geschäfte oft fordern.

Die gelungene Integration eines großen Bekleidungsgeschäftes innerhalb des geschlossenen Fachwerkstadtensembles stellt das C&A-Kaufhaus von 1982 dar. Zwar handelt es sich nicht um echtes Holzfachwerk, aber der Bau fügt sich stilistisch ins Stadtbild ein.

17 | Ehem. Schützenmuseum

Das Schützenwesen hat in Celle eine lange Tradition. Im Stadtgebiet gibt es heute 16 Schützenvereine. Seit 1928 feiern die fünf vereinigten Celler Schützengesellschaften – die Schützengesellschaft Altenceller Vorstadt von 1428, die Altstädter Schützengilde von 1579, die Schützengesellschaft Neustadt-Altenhäusen von 1620, das Schützencorps Neuenhäusen von 1815 und die Hehlentor Schützengesellschaft von 1880 – ein gemeinsames Schützenfest. Das Schützenmuseum wurde 1976 zunächst im »Haus auf der Stadtmauer« (Altencellertorstraße 1) gegründet. Die beiden alten Bürgerhäuser sind unmittelbar an die Stadtbefestigung gebaut. An der Rückseite und auch im Inneren sind noch Reste der Stützmauer des alten Stadtwalls zu sehen. 2023 wurden die Gebäude an Investoren verkauft. Das Schützenmuseum zog 2024 an den heutigen Standort (Hafenstraße 6), in den neu errichteten Anbau der Theo-Wilkens-Halle auf dem Schützenplatz. Kernstück des Museums ist die weltweit einmalige Galerie der Schützenkönige, die seit 1901 porträtiert werden. Neben den über 80 eindrucksvollen Ölgemälden werden Schützenscheiben, Pokale, Orden, Ehrenpreise, Urkunden und Dokumente präsentiert. Waffen werden nicht gezeigt.

18 | Mauernstraße

Die sehenswerte Mauernstraße markiert den Verlauf der alten Stadtmauer vor der ersten Stadterweiterung von 1530. Einige Häuser stammen noch aus der Erstbebauungszeit. Am Kleinen Plan stand nach der Stadterweiterung eines der Stadttore, das Altencellertor. Viele Reisende kamen auf diesem Weg in die Stadt. Wer mit der Kutsche anreiste, steuerte eine der sogenannten Ausspannwirtschaften an. Sie boten Stallplätze für ausgespannte Pferde und Betten für Reisende an. Im Stall des »Blauen Engel« am Kleinen Plan hatten rund 20 Pferde Platz. Im Wirtshaus »Zum Weißen Schwan« (Nr. 27) konnten immerhin sechs Pferde untergestellt werden. Die Ausspannwirtschaft »Zum Goldenen Engel« (Nr. 22) konnte 26 Pferde in ihren beiden Ställen unterbringen, und an Markttagen standen zehn weitere in der heute noch erkennbaren Durchfahrt.

Im Haus Mauernstraße 47 wohnte zeitweise **Hermann Löns** bei der Pastorenwitwe Marie Fueß und ihrer Tochter Hanna Fueß (Pseudonym Swaantje Swantenius). Am Giebel erinnert eine Holztafel mit der Inschrift: »Hermann Löns 1903–1912« daran. Anlässlich der Einweihung der Holztafel am 29. August 1941, dem 75. Geburtstag des Heidedichters, sagte Oberbürgermeister Ernst Meyer

Hermann Löns
1866–1914, Journalist und Heimatschriftsteller. Der »Heidedichter« genoss zeitweise große Popularität, die Gesamtauflage seiner Bücher wird heute auf rund zehn Millionen Exemplare geschätzt. Überaus beliebt waren sein Bauernroman aus der Lüneburger Heide, »Der letzte Hansbur« (1909), und die Liebesgeschichte »Das zweite Gesicht« (1911). Sein Erfolgsroman »Der Wehrwolf« (1910) wurde später von der NS-Ideologie vereinnahmt. Löns war ein früher Verfechter des Naturschutzes. Er setzte sich 1911 für die Gründung des Naturparks Lüneburger Heide ein. Bis heute hat der Mythos Löns' Anteil am Bekanntheitsgrad der Lüneburger Heide.

über die Bedeutung Celles für Löns Werke: »Hier lagen die starken Wurzeln seiner Kraft«.

Über den Kleinen Plan führt der Rundgang weiter, vorbei am 2018 eröffneten, modernen Wohn- und Geschäftskomplex »Village« an der Bergstraße. Gegenüber, im Schaufenster des kleinen aber feinen »Museums Wandliebe« (Kleiner Plan 3, Mo–Fr 11–13/15–18 Uhr, Sa 10–15 Uhr) ist ein weiterer Stützmauerrest der alten Stadtbefestigung von 1534 zu entdecken. Er wurde bei Sanierungsarbeiten 1997 freigelegt.

19 | Fachwerk-Synagoge

Mo 10–17 Uhr, Di–Do 9–17 Uhr, Fr 9–16 Uhr, So 15–17 Uhr

Nach Überquerung der Wehlstraße erreicht man die Synagoge am Platz Im Kreise. Im Jahre 1676 hatte Herzog Georg Wilhelm fünf jüdischen Familien erlaubt, sich in der Altenceller Vorstadt niederzulassen. Weit entfernt von Stadt und Bürgerfriedhof wurde ihnen 1692 ein Begräbnisplatz nördlich der Aller (Am Berge) zugewiesen. Dort erhaltene Grabsteine dokumentieren Beisetzungen von 1705 bis 1953. Die 1910 von Otto Haesler ent-

worfene Friedhofshalle wurde 1974 wegen Baufälligkeit abgerissen.

Der erste in einem Hinterhaus an der Blumlage eingerichtete Betsaal wurde 1693 auf Anordnung des Burgvogts wegen fehlender Genehmigung zerstört. Um 1740 konnte im Hinterhaus der Häuser Im Kreise 23 und 24 die heutige Synagoge eingerichtet werden. Nach außen ein schlichter Fachwerkbau, gestaltete man dessen Innenraum im Stile des Spätbarocks repräsentativ aus. Die beiden Vorderhäuser wurden als jüdisches Schulhaus und als Wohnungen für Gemeindebedienstete genutzt. In der Pogromnacht am 9. November 1938 wurde die Einrichtung der Celler Synagoge zerstört, Kultgegenstände wurden auf die Straße geworfen. Aus Sorge um die umliegenden Häuser wurde das Gebäude aber nicht angezündet. Ab 1942 wurden hier Juden aus dem Regierungsbezirk Lüneburg untergebracht, bevor sie deportiert wurden.

Heute gilt die Celler Synagoge als die älteste niedersächsische Fachwerksynagoge. Sie wird seit 1997 wieder für Gottesdienste und Versammlungen der Neuen Jüdischen Gemeinde Celle genutzt. Das Haus Im Kreise 23 wurde als Museum mit Wanderausstellungen zu unterschiedlichen Themen jüdischer Geschichte hergerichtet.

20 | Blumlage

Ursprünglich befand sich die Blumlage als kleine Ansiedlung im Bereich der heutigen Bergstraße und des Großen Plans. Sie wurde unter Herzog Ernst dem Bekenner bei der Stadterweiterung 1530 an die heutige Stelle verlegt. An Blumlage und Masch (heute Sankt-Georg-Straße) wohnten vor allem Arbeiter, Handwerker und Kleinhändler, einige davon jüdischen Glaubens. Die Bewohner der Vorstadt hatten bis 1842 kein Bürgerrecht und durften somit weder in der Innenstadt wohnen noch ein Geschäft eröffnen. Insbesondere die Masch hatte bei vielen Städtern den Ruf, zur Kleinkriminalität zu tendieren, ihre Bewohner wurden verächtlich »Mascher« genannt. 1869 wurde die Vorstadt eingemeindet. Mit aufkommender Industrialisierung entwickelte sich die Blumlage zu einer Hochburg der Arbeiterbewegung. Die kleingliedrige Struktur der Masch mit Fachwerkhäusern, Ställen und Hinterhöfen wurde durch die städtebauliche Umgestaltung 1967/72 zerstört. Die Westseite der Blumlage wurde ab 1982 etwas behutsamer umgestaltet, die Ostseite blieb teilweise erhalten. Von den damals ärmlichen Wohnverhältnissen ist heute nichts mehr geblieben.

21 | Neues Rathaus

Über die rechts abbiegende Schornsteinfegergasse gelangt man zum Neuen Rathaus. Das imposante Gebäude hat eine Länge von 181 Metern und ist bis zum Dachfirst 25 Meter hoch. Es wurde 1869/72 als preußische Infanteriekaserne gebaut und war seinerzeit eine der größten ihrer Art. Rund 1200 Soldaten fanden darin Platz. Bis 1919 war hier das **Infanterie-Regiment Nr. 77** stationiert. Zum Kasernenkomplex gehörten auch die Exerzierhalle an der Rückseite der Kaserne, die 1911 gebaute Unterkunft der Maschinengewehrkompanie und ein noch 1914 fertiggestelltes Gebäude für zwei zusätzliche Kompanien (heute Jugend- und Sozialamt). Auch während des Zweiten Weltkriegs wurde die Kaserne durchgehend als solche genutzt. Nach dem Krieg zog die britische Armee ein und blieb bis 1992. Seit dem Umbau zum modernen Verwaltungsgebäude 1999 beherbergt die ehemalige Kaserne den überwiegenden Teil der Celler Stadtverwaltung.

Der große Exerzierplatz vor dem Gebäude wurde bebaut und wird zum Teil als Stadtpark genutzt. Das Gefallenen-Denkmal der »77er« wurde 1922 vor dem Schloss aufgestellt und 1999 hierher versetzt.

Das Königlich Preußische 2. Hannoversche **Infanterie-Regiment Nr. 77** wurde 1867 gegründet. In der Celler Bevölkerung wurde es kurz »Heideregiment« oder »77er« genannt. Die Bürger waren eng mit »ihrem Regiment« verbunden. Trotz der langen Friedenszeit hatte das Regiment Kampferfahrung. Freiwillige nahmen teil an der Niederschlagung der Boxerbewegung in China (1900/01) und dem Völkermord an den Herero in der Kolonie Deutsch-Südwestafrika, heute Namibia (1904). Zu Beginn des Ersten Weltkriegs war das Regiment am Massaker im belgischen Tamines beteiligt und kämpfte im weiteren Verlauf an vielen Frontabschnitten, wobei mehr als 5200 Angehörige starben.

22 | Siedlung Italienischer Garten

Die Wohnungsbaugenossenschaft **Volkshilfe Celle** wurde nach Ende der Inflationszeit im Dezember 1923 gegründet. Zu den Gründungsmitgliedern zählten neben Architekt Otto Haesler Bürgervorsteher Estenfeld und der Bürgerbund-Vorsitzende Wilhelm Jäger. Ziel der Genossenschaft war es, »einfache, bescheidene Wohnungen in freundlichen Häusern mit kleinen Gärten für Minderbemittelte« zu errichten. Die Siedlungen Italienischer Garten und Georgsgarten waren die Hauptprojekte der Volkshilfe Celle. Die Wohnungsbaugenossenschaft besteht bis heute als Teil der Genossenschaft Südheide.

Bereits 1587 wurde für dieses Gebiet ein fürstlicher »Wundergarten« erwähnt. 1664 wurde er erstmals als Italienischer Garten bezeichnet, wegen der italienischen Gärtner, die ihn pflegten. Der herzogliche Gartenbaumeister Gasparro Ferri gestaltete den Garten 1686 mit Pflanzen aus Venedig neu. Zwischen 1779 und 1863 befanden sich hier Versuchsfelder der Königlichen Landwirtschaftsgesellschaft. Ab 1872 bewirtschafteten Soldaten der nahen Kaserne einige Gartenparzellen.

1923 kaufte die **Celler Volkshilfe** das Areal, und bis 1925 entstand Otto Haeslers erste Siedlung im Stile des Neuen Bauens. Es war die erste Bauhaus-Siedlung Deutschlands. Die acht Vierfamilienhäuser bestehen aus jeweils drei symmetrisch ausgerichteten Kuben. Das hier erstmals von Haesler verwendete Flachdach wurde von ihm mit schräg angesetzten Dachziegeln kaschiert, was der Siedlung im Celler Volksmund die Namen »Klein-Marokko« und »Neu-Jerusalem« einbrachte. Charakteristisch sind die vertikalen Treppenhausfensterbänder, die Übereckfenster und die halbrunden Balkone an der Gartenseite. Die heute wieder hergestellte Farbigkeit mit Blau, Rot und Weiß betont die Wirkung der kubischen

Baukörper. Die Wohnungsgrößen im Italienischen Garten entsprachen allerdings nicht dem, was Haesler sich zum Ziel gesetzt hatte, nämlich kostengünstige Wohnungen für Arbeiter zu schaffen.

Die beiden dreigeschossigen Sechsfamilienhäuser an der Wehlstraße (Nr. 29 und 31) baute Haesler ganz bewusst als optischen Riegel zwischen den modernen Wohnhäusern und dem Französischen Garten. Auch diese beiden »Kopfbauten« zeigen für Haesler typische Architekturdetails wie die zentrale Treppenhausachse.

Der Stadtrundgang folgt der Wehlstraße nach rechts zum Französischen Garten. Die 77er-Brücke überspannt den Magnusgraben, der nach Herzog Magnus II. Torquatus benannt ist und 1370 als Teil der Stadtbefestigung angelegt wurde.

23 | Französischer Garten

Besichtigung Bienengarten Mo–Do 9–17 Uhr, Fr 9–12 Uhr

Bereits zu Beginn des 17. Jahrhunderts existierte an dieser Stelle, außerhalb der eigentlichen Stadtbefestigung gelegen, ein fürstlicher Lustgarten mit Wasserkunst und

Skulpturen. Herzog Christian ließ 1611 das Schlösschen als Wohnhaus der Hofgärtner errichten. Heute beherbergt das Gebäude eine Kindertagesstätte. Auf Veranlassung von Eleonore d'Olbreuse wurden ab 1670 französische Hofgärtner angestellt und mit der Umgestaltung des Gartens beauftragt. Sie legten einen repräsentativen Zier- und Nutzgarten im barocken Stil an und prägten damit bis heute seinen Namen. Die etwa 330 Meter lange, vierreihige Lindenallee als Element französischer Hofgärten wurde erstmals 1696 gepflanzt und 1951/53 vollständig erneuert. Sie trägt heute den Namen Herzogin-Eleonore-Allee. Eine Besonderheit ist der freigehaltene »Himmelsstrich« zwischen den Mittelreihen. Zum Überwintern der Orangen- und Zitronenbäume wurde 1677 die Orangerie gebaut. Dort wurde 1927 das **Landesinstitut für Bienenforschung** eingerichtet.

Die Umgestaltung des barocken Gartens in einen englischen Landschaftspark begann mit der ab 1772 nach Celle verbannten Königin **Caroline Mathilde.** Für sie wurde von Hofgärtner Krantz auch der kreisrunde Teich mit 95 Metern Durchmesser angelegt. Ihr zu Ehren stiftete die Lüneburger Ritterschaft das 1784 von Adam Friedrich Oeser geschaffene Denkmal am Schlösschen. Die dargestellte Urne zeigt ein Bild Caroline Mathildes.

Nach dem frühen Tod Caroline Mathildes 1775 wurde der Park vernachlässigt. Erst ab Mitte des 19. Jahrhunderts erhielt die Anlage nach Plänen des königlichen Garteninspektors Franz Christian Schaumburg ihre heutige Gestalt. Garteninspektor Otto von Boehn ließ 1924 im Nordwesten des Parks den Rosengarten anlegen und im Osten einen ersten Kinderspielplatz bauen.

Im Französischen Garten fand 1982 auch das Denkmal für die Schlacht bei Langensalza einen Platz. Diese letzte Schlacht der hannoverschen Armee in Thüringen gegen Preußen am 27. Juni 1866 endete als Pyrrhussieg mit anschließender Kapitulation. Auch Celler waren beteiligt. Das Denkmal hatte 1869 nur einen Tag am Platz Im Kreise gestanden, war dann zunächst von der preußischen Militärregierung eingelagert worden und wurde später mehrmals versetzt.

Der Französische Garten bietet Raum für verschiedene Veranstaltungen, darunter Flohmärkte und der traditionelle St. Martins Laternenumzug der katholischen

Das **Landesinstitut für Bienenforschung** wurde 1927 durch Abtrennung des nördlichen Teils des Französischen Gartens in dessen ehemaliger Orangerie eingerichtet. Ziel des Instituts war die Förderung der Imkerei. Durch den massiven Rückgang der Heideflächen hatten die Bienenbestände stark gelitten. Das Bieneninstitut widmete sich der wissenschaftlichen Erforschung der Bienenzucht und der Ausbildung von Imkern. Heute setzt das LAVES-Institut für Bienenkunde diese Tradition fort und bietet auch landesweite Beratungsdienste an. In einem historischen Treppenspeicher auf dem Gelände befindet sich eine sehenswerte Ausstellung alter Bienen- und Bannkörbe, die nach Absprache zu besichtigen ist (Tel. 05141 905 03 40).

Gemeinde, mit dem Heiligen Martin hoch zu Ross. Der Stadtrundgang führt durch die Herzogin-Eleonore-Allee zum großen Teich und dann nach links weiter zur Holzbrücke über den Magnusgraben. Auffällig ist der übergroße, ziegelrote Blumentopf des Künstlers Timm Ulrichs von 1994. Er soll ein von der Gewohnheit abweichendes Sehverhalten bewirken. Im Bad Homburger Kurpark steht eine ähnliche Skulptur.

24 | Garnison-Kirche

Neben dem 1876 errichteten Offizierskasino wurde 1901 am Langensalzaplatz die Celler Garnison-Kirche gebaut. Bereits seit dem 17. Jahrhundert war Celle eine Garnisonsstadt mit einer evangelischen Garnisongemeinde. Die sonntäglichen Gottesdienste wurden 1655 in der Zeug- und Rüstkammer des alten Rathauses abgehalten. 1704–1757 stand der Garnisongemeinde die Kapelle St. Annen an der Fritzenwiese zur Verfügung. Nachdem diese abgebrannt war, nutzte die Gemeinde lange Zeit eine Begräbniskapelle vor dem Hehlentor. Als aus dem Königreich Hannover 1866 eine preußische Provinz wurde, musste die Celler Garnisongemeinde in eine Militärgemeinde preußischer Prägung umgewandelt werden. Diese Militärgemeinden waren ökumenisch und wurden abwechselnd vom jeweiligen katholischen und evangelischen Divisionspfarrer in Hannover betreut. Amtshandlungen nahmen Celler Stadtgeistliche vor.

Im Juni 1901 wurde der Grundstein für die heutige Garnison-Kirche gelegt. Nach Plänen des preußischen Regierungsbaumeisters Ludwig Dihm errichtete Baurat Bode aus Braunschweig die Kirche im neoromanischen Stil. Die Einweihung fand am 5. November 1902 im Beisein von Kaiser Wilhelm II. statt. Ihrer Bestimmung entsprechend diente die Kirche fortan »geistlich vaterländischer Erbauung«. 1945 übernahm die britische Armee die Garnison-Kirche (St. Georges). Mit der Verpflichtung zu einer kirchlichen Nutzung wurde sie nach dem britischen Truppenabzug 1997 zurückgegeben. 1998 gründete sich die Philipp-Melanchthon-Gemeinde, um die Garnison-Kirche als Ort der Kultur und Gottesbegegnung zu bewahren.

Caroline Mathilde
1751–1775, Königin von Dänemark und Norwegen. Die Schwester des britischen Königs Georg III. wurde 1766 ohne ihr Wissen an den geisteskranken dänisch-norwegischen König Christian VII. verheiratet. Die Ehe blieb trotz zwei Kindern unglücklich. Caroline Mathilde hatte ab 1769 eine Liebesaffäre mit dem Minister und Leibarzt des Königs, Johann Friedrich Struensee. Wie die Königin war auch er ein Verfechter der Aufklärung. Politische Gegner warfen ihm Hochverrat und Umsturzpläne vor. Struensee wurde 1772 öffentlich hingerichtet und die Ehe von Christian VII. und Caroline Mathilde geschieden. Georg III. erreichte, dass seine Schwester Dänemark verlassen und nach Celle umsiedeln konnte, wo sie mit Freude begrüßt wurde.

25 | Altstädter Schule

Der bedeutendste Bau des Architekten Otto Haesler in Celle ist die Altstädter Schule von 1927. Das seinerzeit moderne Schulgebäude an der Sägemühlenstraße erregte internationale Aufmerksamkeit und gehört bis heute zu den zehn wichtigsten Bauhaus-Gebäuden weltweit. Haesler hatte den Architektenwettbewerb für den Neubau der damaligen Volksschule mit seinem Entwurf gewonnen. Er überzeugte die Juroren, weil er nicht nur die geforderten Räume einplante, sondern in der Mitte des Gebäudes, kostengünstig, eine Turnhalle vorsah, die eigentlich erst im zweiten Bauabschnitt folgen sollte. Die Klassenräume waren von Haesler nach reformpädagogischen Ansätzen entworfen und ausgestattet worden, getrennt in einen Jungen- und Mädchentrakt. Die zentrale, durch Oberlichter beleuchtete Turnhalle konnte als Mehrzweckhalle genutzt werden. Außen folgte Haesler einer klaren Formensprache. Die Schule bekam Flachdächer und viele Fenster – was ihr auch den Namen »Glasschule« einbrachte. Das Interesse am modernen Schulhaus war seinerzeit dermaßen groß, dass Besuchszeiten festgelegt und Eintrittsgelder verlangt wurden, um die Besuchermassen etwas zu leiten.

Nach dem Zweiten Weltkrieg beherbergte die Altstädter Schule einige Jahre die Pädagogische Akademie zur Ausbildung von Volksschullehrern und bis 2020 eine Grundschule. Von der Wirkung der ehemaligen Farbigkeit sowohl Außen als auch Innen in Rot, Gelb, Schwarz und Weiß ist nichts erhalten. Durch spätere Einbauten sind auch viele Raumeindrücke gestört.

26 | Rektorwohnhaus

Das Wohnhaus für den Rektor der Altstädter Schule wurde 1927 in der Südwestecke des Schulgeländes errichtet. Es handelt sich um einen zweigeschossigen, verputzten Ziegelbau mit Flachdach. Die Formensprache mit zusammengesetzten Kuben ist vergleichbar mit derjenigen in der Siedlung Italienischer Garten. Mit teilweise übereck geführten Fenstern werden die Räume belichtet. Die dreigliedrigen Fenster, oben Belüftungsflügel und unten Blumenfenster, sind noch original. Im Untergeschoss befanden sich die Wohnräume des Rektors und im Obergeschoss die Schlafräume. Im Norden lag der Wirtschaftstrakt. Ursprünglich waren die Innenräume in intensiven Farben gestrichen.

Karl Goedecke
1814–1887, Schriftsteller und Literaturhistoriker. Er wurde in Celle geboren, besuchte das Gymnasium und studierte in Göttingen Literaturwissenschaften. Goedecke verließ die Universität 1837 nach den Protesten der »Göttinger Sieben« ohne Abschluss und begann in Celle seine schriftstellerische Arbeit. 1842 siedelte er zunächst nach Hannover und 1859 schließlich nach Göttingen um, wo er als Privatgelehrter und ab 1873 als außerordentlicher Professor für Literaturgeschichte wirkte. Sein berühmtestes Werk ist »Grundriß zur Geschichte der deutschen Dichtung« (1857–1881), das bis heute ein wichtiges Standardwerk darstellt.

Diese Form des Einfamilienhauses setzte Haesler 1928 auch als doppelgeschossige Etagenwohnung in der Wohnhausgruppe Waack um (Schackstraße 3/4). Dort baute Haesler 14 solcher Einfamilienhäuser und »schob« die Kuben förmlich ineinander.

Der Rundweg führt die Julius-von-der-Wall-Straße entlang bis zur katholischen Kirche. Der Namensgeber der Straße, Julius von der Wall, war Notar und langjähriger Vorstand der jüdischen Gemeinde Celle. Er förderte Haesler und ließ sich von ihm 1911 sein Haus Mühlenstraße 25 errichten. Das Ehepaar von der Wall wurde 1943 in Auschwitz ermordet.

27 | St. Ludwig

Von der Julius-von-der-Wall-Straße gelangt man rechter Hand über den Kirchhof zur Schaufassade der katholischen Kirche St. Ludwig. Katholiken wurden nach der Reformation in Celle nicht mehr geduldet. Das änderte sich in der Regierungszeit Georg Wilhelms. Sein unehelicher Sohn Luca de Bucco, hervorgegangen aus einer Beziehung mit einer italienischen Tänzerin, diente in Celle als Oberstallmeister und Oberst. De Bucco stellte sein Haus ab 1678 für Heilige Messen zur Verfügung. 1711 wurde auf seinem Grundstück eine Peter-und-Paul-Kapelle gebaut, die 1847 dem Bau des Pfarrhauses weichen musste.

Die Sankt-Ludwigs-Kirche wurde 1838 in der Zentralachse des Französischen Gartens errichtet und stellt den einzigen rein klassizistischen Kirchenbau Nordwestdeutschlands dar. Zum Namenspatron der Kirche erkor man den König von Frankreich, Ludwig den Heiligen – zu Ehren des Spenders, Ludwig I. von Bayern. Sie war katholische Mutterkirche für das ehemalige Fürstentum Lüneburg-Celle. Das Einflussgebiet umfasste anfangs das gesamte Heidegebiet bis vor die Tore Hamburgs und reichte von der Weser bis an die Elbe. Die beiden Türme wurden 1881 fertiggestellt. Kaiser Wilhelm I. spendete 15 Zentner Kanonenschrott des Deutsch-Französischen Kriegs für den Glockenguss. Im Zweiten Weltkrieg wurden die beiden Glocken wieder eingeschmolzen. In dem dreischiffigen Innenraum tragen zwei Reihen dorische Säulen die kassettierte Halbtonnendecke über dem Mittelschiff.

Die benachbarte Schule, die heute als Zweitgebäude des 1815 gegründeten und 1905 so benannten Kaiserin-Auguste-Viktoria-Gymnasiums dient, wurde 1912/14 für das Königliche Gymnasium (Ernestinum) errichtet.

28 | Logenhaus

Neben der katholischen Kirche befindet sich das Logenhaus der 1811 gegründeten Freimaurerloge »Zum hellleuchtenden Stern«. Das ehemalige Tanzhaus des Hotels Sandkrugs, errichtet vermutlich in der Mitte des 18. Jahrhunderts, wurde 1862 durch die Loge erworben. Nach dem Bau einer Brücke mit Torbogen 1867 erhielt das Gebäude 1876 nach Osten, zum Magnusgraben, einen eingeschossigen Saalanbau. Dieser Anbau wurde 1908 aufgestockt. Nach Norden ist im Jahre 1916 eine Hausmeisterwohnung angebaut worden. 1934 bis 1951 wurde das Grundstück aufgrund der Schließung aller Freimaurerlogen durch die NS-Diktatur von verschiedenen Organisationen u. a. als »Haus der Frau« genutzt. 1951 erhielt die Freimaurerloge Haus und Grundstück zurück. Ein weiterer Anbau zur Vergrößerung des Saals nach Südwesten wurde 1974 erstellt.

29 | Direktorenvilla

Dieser Haesler-Bau von 1930/31 entstand als Wohnhaus für den Direktor des schräg gegenüberliegenden Gymnasiums Ernestinum. Die Direktorenvilla war schon zur Erbauungszeit einer der umstrittensten Bauten Haeslers. Wegen der geforderten Nähe zum Schulgebäude kam seinerzeit nur ein Bauplatz im Französischen Garten in Frage. Haesler war bemüht, den modernen Bau der ihn umgebenden historischen Parklandschaft anzupassen. Er nutzte eine flache kubische Bauweise, die Elemente der gleichzeitig entstandenen Siedlung Blumläger Feld aufweist. Die Wohnungsgrundrisse sind ähnlich, wenn auch anders dimensioniert. Der Wohn- und der Wirtschaftsflügel wurden in Stahlskelettbauweise errichtet und der Treppenhausturm stimmt mit denen des »Lungenflügels« der Siedlung Blumläger Feld überein. Der ursprüngliche Eindruck des freistehenden Hauses ist durch den nahen Parkhausbau von 1984 verfälscht. Auch der Direktorenvilla drohte zeitweise der Abriss. Einige Jahre diente es als Jugendzentrum, danach als Kunstgalerie. Seit 2023 befindet sich hier die Verwaltung der Stadtbibliothek. Der große Raum des Gebäudes wird für Vorträge, Veranstaltungen und standesamtliche Trauungen genutzt.

30 | Stadtbibliothek

Arno Schmidt
1914–1979, Schriftsteller und Übersetzer. Er zählt zu den bedeutendsten deutschsprachigen Schriftstellern nach dem Zweiten Weltkrieg. Sein ungewöhnlicher Umgang mit Sprache und Erzählformen brachte ihm Anerkennung. Ab 1958 lebte und arbeitete Schmidt in Bargfeld im Landkreis Celle. Er liebte und suchte die Abgeschiedenheit. 1970 erschien sein monumentales Hauptwerk »Zettel's Traum«. Mit acht Bänden im DIN-A3-Format war es buchstäblich das »größte und schwerste Buch der deutschen Literaturgeschichte«. Im Juni 1979 starb Schmidt in Celle. In seinem Haus in Bargfeld bewahrt die Arno Schmidt Stiftung seinen Nachlass.

Di–Fr 10–19 Uhr, Sa 10–14 Uhr

Das Gebäude der heutigen Stadtbibliothek hat eine interessante Geschichte. Es wurde 1843 als Königliches Gymnasium gebaut und sollte als neues Schulgebäude der ehemaligen Lateinschule die Raumnot an der Kalandgasse lindern. Im Neubau gab es größere Klassenräume, und auch vor dem Schulgebäude herrschte weniger Enge. Der dreigeschossige Putzbau in den Formen des Hannoverschen Rundbogenstils war nach dem Oberlandesgericht der zweite Staatsbau in Celle im vornehmsten Baustil der Zeit. Mit wachsender Einwohner- und Schülerzahl wurde der Platz bald schon wieder knapp. Im Januar 1916 zog das Gymnasium schließlich abermals um, in den bereits 1914 fertiggestellten Neubau an der Magnusstraße. In das ehemalige Gymnasium am heutigen **Arno-Schmidt**-Platz zog 1926 das Thaer-Seminar ein, eine höhere Lehranstalt für praktische Landwirte. Nach Fertigstellung des ersten Erweiterungsbaus der Albrecht-Thaer-Schule in Celle/Altenhagen zog das Thaer-Seminar 1977 dorthin um. Seitdem befindet sich hier die Stadtbibliothek.

31 | Trüller-Haus

Wichtigster Auftraggeber und Förderer des jungen Architekten Otto Haesler war der Celler Zwieback- und Keksfabrikant **Harry Trüller**. Für ihn entwarf Haesler 1908 den imposanten Wohn- und Geschäftshausbau am Rande der Altstadt. Das markante viergeschossige Eckhaus überragt alle benachbarten Gebäude und nimmt mit seinen Proportionen ausschließlich auf den gegenüberliegenden Neorenaissancebau der Stadtbibliothek Bezug. Der Turmerker verstärkt den Eindruck der Ecksituation, und die Gliederung der Geschosse verleiht der Fassade zusätzliche Plastizität. Für die besonderen Anforderungen an dieses bedeutsame Eckgrundstück am Rande des Schlossparks hat Haesler seinerzeit ein besonderes städtebauliches Gespür bewiesen. Lange umstritten war jedoch das im September 1924 eröffnete Musterlager der Trüllerwerke. Der moderne Bau mit Pyramidendach zeigte auch innen eine expressionistische Formensprache. Er stand an der Ecke vor der Stadtbibliothek, gegenüber dem Trüller-Haus. 1975 wurde das »Trüller-Eck« genannte Musterlager schließlich wegen Änderungen in der Verkehrsführung abgerissen.

Harry Trüller
1868–1934, Unternehmer. Als Sohn eines Bäckers in Celle geboren, übernahm Trüller 1890 eine Bäckerei und begann, die Zwiebackherstellung zu rationalisieren. 1891 ließ er sich eine Zwiebackschneidemaschine patentieren und 1894 einen Zwiebackröstofen. In Bahnhofsnähe baute Trüller 1896 eine große Zwieback- und Keksfabrik. Seine Unternehmensführung galt als sozial. Er war Bürgervorsteher, Bau-Senator und engagierte sich in vielen Vereinen. Trüller unterstützte 1904 den Bau von Gas- und Elektrizitätswerk sowie den Ausbau von Hafen und Kanalisation. 1907 initiierte er den Bau der Celler Straßenbahn, die bis 1956 fuhr.

32 | Alter Reitstall

Bei dem Gebäude an der Ecke Westcellertorstraße und Schlossplatz handelt es sich um den ehemaligen Herzoglichen Reitstall. Er wurde 1664 erbaut und bot bis zu 26 Pferden Platz. Am Südgiebel ist Herzog Georg Wilhelms Wappen angebracht. Das Stallgebäude gehörte zur Vorburg und war somit Teil des Schlossbezirks, der dem Burgvogt unterstand. Der Zugang von der Westcellertorstraße ist vermutlich nicht ursprünglich. Stattdessen führten zwei Tore von der Vorburg in den Stall. Bürger hatten hier lange Zeit keinen freien Zutritt. Heute ist das anders. Der ehemalige Stall wurde aufwendig ausgebaut und dient der Präsentation von Männermode. Im Giebel sind noch die alten Ladeluken des Heubodens zu erkennen, und auch der Kranbalken mit Aufzugsrad ist noch vorhanden.

Die Straße Südwall zeigt den Verlauf der ehemaligen Stadtbefestigung, deren Abbruch 1868 begann. Erst 1881/83 wurde der Stadtwall in diesem Bereich vollständig abgetragen und schließlich mit Häusern bebaut. Der Name Westcellertorstraße verweist auf das hier einst befindliche Stadttor und seine historischen Vorgänger. Bereits 1535 wurde der Bereich als »vor dem Westzellerdor« bezeichnet.

33 | Großer Plan

Der größte innerstädtische Platz entstand bei der Stadterweiterung von 1530 und diente als Exerzierplatz der Landsknechte. Alte Namen sind »up dem Schilde« (1533, wegen seiner Form) und »auf dem Plan« (1654). Am 23. März 1668 zerstörte ein Brand 32 Häuser. Es erfolgte eine verhältnismäßig einheitliche Neubebauung. Einige Celler Traditionsgeschäfte sind am Großen Plan zu finden, wie der Feinkostladen Huth mit eigener Kaffeerösterei, der bereits 1851 als »Colonialwarengeschäft« gegründet wurde, und die 1883 in Celle eröffnete Goldschmiede Bade, wo mittlerweile in sechster Generation mit Liebe am Detail gearbeitet wird. Die Fassade des Traditionscafés Kiess hat Otto Haesler 1926 renoviert. Dabei gelang es ihm, Fachwerk mit Moderne zu verbinden.

Ein Kuriosum stellt die hängende Toilette dar. Zwischen den Häusern Großer Plan 1 und 2 hängt in luftiger Höhe ein Plumpsklo – früher fiel einfach alles zwischen die Häuser. Die Lücken zwischen den Gebäuden werden »Zwischen« genannt. Durch sie wurde der Unrat bei Regen heraus auf die Straße gespült. Das sorgte lange Zeit für Probleme wegen **Drecks auf der Straße**. Heute ist der Große Plan Veranstaltungsort für Stadtfeste und den Weihnachtsmarkt.

Dreck auf der Straße
Herzog Georg Wilhelm ordnete 1680 an, dass die Straßen in Celle von allem Kot und Mist reingehalten werden sollten, da man zeitweise kaum zu Fuß darin fortkommen konnte. Auch muss es ungeheuerlich gestunken haben. 1735 regelte ein Gassenreinigungs-Reglement die Kotabfuhr. Hauseigentümer zahlten als Gebühr das Kotgeld. Reinigung und Abfuhr übernahmen private Unternehmen. Von Zeit zu Zeit musste der Dreck regelrecht weggeschwemmt werden. 1898 beschloss der Magistrat den Bau einer Abwasserkanalisation, der 1902 begonnen wurde. Das Kanalnetz umfasste 1905 bereits 55 Kilometer.

Stechinelli
1640–1694, eigentlich Francesco Maria Capellini, Hofbeamter. Herzog Georg Wilhelm brachte den aus Rimini stammenden Stechinelli (sein Name soll eine Anspielung auf seine dünnen Beine gewesen sein) 1656 von einer Italienreise als Kammerdiener mit nach Hannover. Er war Günstling des Herzogs und folgte ihm 1665 an den Celler Hof. Alles, was der Hof begehrte, beschaffte Stechinelli. 1678/82 war er Generalerbpostmeister und förderte den Ausbau des Postwesens. Stechinelli wurde zum reichsten Mann des Fürstentums und trat als Geldgeber der Mächtigen auf. 1688 erhob ihn Kaiser Leopold I. in den erblichen Reichsadelsstand.

34 | Stechinelli-Haus

Nach dem Großbrand von 1668 ließ Hofrat Breiger an dieser Stelle 1675 einen Neubau errichten und überließ ihn seinem Schwiegersohn, dem herzoglichen Hofagenten und Generalerbpostmeister Francesco Capellini, genannt **Stechinelli**. Im Stil eines Adelspalais mit breiter Front zum Großen Plan erbaut, repräsentierte es die einflussreiche Stellung Stechinellis und seinen großen Reichtum. Die eindrucksvolle Fassadengestaltung im klassizistischen Stil hat das Gebäude Großer Plan 14 allerdings erst 1795/98 bekommen, als es der Wachsfabrikant Jacob Lampe umbauen ließ. Heute befindet sich hier die Galerie Halbach. Stechinelli gehörten mehrere Häuser in Celle. Ein weiteres am Großen Plan 24 wird durch eine Wetterfahne auf dem Dach markiert, auf der seine Initialen »FCS« zu erkennen sind.

35 | Ehem. Karstadt-Kaufhaus

Am Ende der Mauernstraße fällt das markante Karstadt-Kaufhaus ins Auge. Bereits 1929, nach dem Abriss des »Hotels Hannover« an der Ecke Post-/Bergstraße, wurde hier ein monumentaler Kaufhausbau des Einzelhandelskonzerns errichtet. Auf mehreren Grundstücken an Mauern-, Post- und Bergstraße erhob sich nun eine große, graue Fassade. Celles Oberbürgermeister Ernst Meyer räumte später ein, wenn er in seiner Amtszeit einen Fehler gemacht habe, dann sei es die Baugenehmigung an dieser Stelle gewesen.

Der umstrittene Ursprungsbau von 1929 wurde 1965 durch das heutige, zwar etwas flachere, ansonsten aber noch größere Kaufhaus ersetzt. Dem Neubau fielen seinerzeit weitere Fachwerkhäuser zum Opfer. Der ausgeführte Entwurf des Architekten Walter Brune hatte aber den offenbar ernst gemeinten Anspruch, sich mit in Beton nachgeahmter Fachwerkbauweise besser in das Stadtbild einzugliedern, als der deutlich kompromisslosere Bau von 1929. Entstanden ist ein in vielerlei Hinsicht einmaliges Gebäude, das manche nach wie vor als kleine Architekturperle betrachten. Das Nebeneinander von Alt und Neu, von Tradition und Moderne, ist in einer Fachwerkstadt wie Celle nicht immer einfach. Von Zeit zu Zeit wird wegen wirtschaftlicher Einzelinteressen versucht, das einmalige und denkmalgeschützte Ensemble mit modernen Großbauten »zu beleben«. 2023 schloss die Karstadt-Filiale und ist seitdem Celles prominentester Leerstand.

Erbaut für
Simon Hoppener
An. Di 1532
TELCOLAND

36 | Thaers Praxis

Im Haus Poststraße 7 befand sich die Praxis von Johann Friedrich Thaer. Nachdem sein Sohn Albrecht Daniel Thaer 1774 erfolgreich das Medizinstudium abgeschlossen hatte, praktizierten Vater und Sohn hier gemeinsam. Eine Gedenktafel am Haus erinnert an den späteren Agrarreformer. Nach dem Tod des Vaters übernahm Albrecht Daniel Thaer 1778 die Praxis und wurde zum Stadtphysikus und Zuchthausarzt ernannt. Den Hofarzttitel, inklusive Oberaufsicht über Apotheken und Hebammen, erlangte er 1780. Im selben Jahr kaufte er auch das Haus Rundestraße 3. Im Garten dieses Hauses begannen seine Forschungen, die ihn später zum Begründer der rationellen Landwirtschaft machten. Er trat der Celler Landwirtschaftsgesellschaft bei und wurde 1784 in ihren engeren Ausschuss berufen. Am Haus erinnert seit Thaers 100. Todestag eine Tafel an den »Vater des landwirtschaftlichen Fortschritts«. Neben seinen Forschungs- und Lehrarbeiten praktizierte Thaer weiter als Arzt und wurde 1796 vom englischen König Georg III. zum Leibarzt ernannt.

Oben: Thaers Praxis
Links: Hoppener Haus

37 | Hoppener Haus

Sprechzeit Laternen 10–13/15–18.30 Uhr

An der Kreuzung von Post- und Rundestraße steht das wohl prächtigste **Fachwerkhaus** der Stadt. Es wurde 1532 für Simon Hoppener, den Rentmeister (eine Art Finanzminister) von Herzog Ernst, gebaut. Die herausragende Bedeutung Hoppeners wird sowohl an der Größe und Ausschmückung als auch an der Lage des Gebäudes deutlich. Es steht im Bereich des alten Stadttores vor der Stadterweiterung von 1530. Die Balken weisen kunstvolle Schnitzereien auf. Das Hoppener Haus ist das erste Fachwerkhaus in Celle, an dem 1901 Balkenschmuck und Bemalung wieder freigelegt wurden. Bis dahin waren die meisten Fassaden grau überstrichen. 1932 brannte das Haus innen aus und wurde aufwendig wiederhergestellt.

Vor dem Hoppener Haus steht einer der Pipenposten und rechts neben dem Haus erzählen die »Sprechenden Laternen« Anekdoten aus der Stadtgeschichte.

Celle ist weltberühmt für sein fast geschlossenes **Fachwerkensemble**. Über 400 Fachwerkhäuser sind in der Altstadt erhalten. Sie bieten etliche Eindrücke von der Vielfalt dieser in Nordeuropa seit Jahrhunderten verbreiteten Bauweise. Die Balken einiger Häuser weisen alte Schmuckelemente auf, anhand derer sich die Bauepoche des jeweiligen Hauses eingrenzen lässt. Älteste Formen sind der »Treppenfries« und der »Laubstab« aus dem frühen 16. Jahrhundert. Metallisches Beschlagwerk und verzierte Ecksäulen stammen hingegen aus dem 17. Jahrhundert. Im 18. und 19. Jahrhundert wurde das Fachwerk häufig überstrichen, weil die Fachwerkbauweise seinerzeit als bäuerlich und ärmlich galt.

Das **Bauhaus** wurde 1919 von Walter Gropius in Weimar als staatliche Kunstschule gegründet. Es stellte eine neue Verbindung von Architektur und Kunst dar und entwickelte sich zur einflussreichsten Bildungsstätte in den Bereichen Architektur, Kunst und Design. Ziel war es, die Architektur als Gesamtkunstwerk mit anderen Künsten zu verbinden. 1925 erfolgte der Umzug nach Dessau. Auf Druck der NSDAP musste das staatliche Bauhaus dort 1932 schließen und nach Berlin umziehen, wo es sich nach fortgesetzten Repressalien 1933 auflöste. Viele Mitglieder emigrierten und verbreiteten die Bauhaus-Ideen in der Welt.

38 | Haesler-Siedlung Georgsgarten

In der Straße Sankt-Georg-Garten befindet sich die zweite Haesler-Siedlung im Stile des Neuen Bauens. Im Vergleich mit dem nahegelegenen Siechenhaus (Blumlage 65, heute Seniorenpflegeheim St. Annenstift) von 1909 wird hier die Entwicklung von Haeslers Baustil besonders deutlich. Die 1926/27 entstandene Siedlung war die erste, bei der die Zeilenbauweise konsequent angewendet wurde. Sie wurde seinerzeit von zahlreichen Architekturkritikern als »Mustersiedlung« gelobt. Die eingeschossigen Vorbauten schirmen die Wohngebäude von der Straße ab. In diesem Straßentrakt befanden sich ursprünglich Räumlichkeiten für einen Frisör, ein Café mit angeschlossener Bücherei sowie das zentrale Heiz-, Wasch- und Badehaus. Aus Kostengründen hatten die Wohnungen jeweils nur eine Toilette und ein Waschbecken. Die Grundrisse legte Haesler erstmals als »Bettentypen« an, sodass nicht mehr nach Anzahl der Zimmer, sondern der Betten gezählt wurde. Die 3–6-Bett-Wohnungen mit 52–72 Quadratmetern hat Haesler konsequent ohne Flur geplant. Der zentrale Wohnraum erschloss stattdessen die angrenzenden Schlafräume. Insgesamt 168 Wohnungen brachte Haesler in den sechs

senkrecht zur Straße angeordneten Wohnblöcken unter – der siebte Block ist ein offensichtlicher Neubau. An der Südseite von Block 1 wurde ein Kindergarten gebaut, außerdem standen den Bewohnern von Leberecht Migge angelegte Nutzgärten zur Verfügung. Die Gärten sind größtenteils überbaut. Auch die von Haeslers Mitarbeiter Karl Völker entwickelte Farbigkeit der Siedlung ist nicht erhalten. Zwar waren die Mieten hier deutlich niedriger als in der Siedlung Italienischer Garten und lagen unter dem Landesdurchschnitt, aber für das Ziel Haeslers, günstigen und gesunden Wohnraum zu schaffen, waren die Kosten immer noch zu hoch. Bei der Planung der Siedlung Blumläger Feld betrieb Haesler darum noch strikter die Rationalisierung der Baukosten.

39 | Haesler-Siedlung Blumläger Feld

otto haesler museum Mi–So 13–18 Uhr oder nach Vereinbarung Tel. 05141 21 74 87 oder info@haeslerstiftung.de

Die Siedlung Blumläger Feld errichtete Haesler 1930/31 im Auftrag der Städtischen Wohnungsfürsorge GmbH. Die Planungen dafür stammten von 1927. Haesler hatte

Siedlung Blumläger Feld

ein Versuchshaus am städtischen Gartenamt gebaut, um die Stahlskelettbauweise zu erproben. Unter Verwendung genormter Bauteile, dem Wegfall eines eigenen Treppenhauses und einem Minimum an Ausstattung schaffte es Haesler, die Kosten extrem niedrig zu halten. Mit der Siedlung Blumläger Feld setzte er das Konzept einer Kleinstwohnung für das Existenzminimum erfolgreich um. Im ersten Bauabschnitt entstanden zwei 222 Meter lange Nord-Süd-Zeilen mit jeweils 44 Wohnungen (Hugoweg und Rauterbergweg), das Wasch- und Badehaus sowie der Ost-West-ausgerichtete »Lungenflügel« mit sieben Wohnungen. Die zweigeschossigen Einfamilien-Reihenhäuser dieses Flügels waren mit ihren nach Süden ausgerichteten Terrassen und breiten Balkonen für die Genesung lungenkranker Familien gedacht. Innerhalb der U-förmigen Anlage wurde jeder Mieteinheit eine 140 Quadratmeter große Gartenparzelle zur Verfügung gestellt. Im zweiten Bauabschnitt ab Oktober 1930 entstanden in sechs kurzen Zeilen 54 weitere Wohnungen (Vogelsang und Rosenhagen).

Die Siedlung ist heute stark verändert. 2000/01 wurde Zeile 1 (Rauterbergweg) saniert und um ein Geschoss aufgestockt. 2005/06 riss man die zweite Zeile (Hugoweg) ab und ersetzte sie durch Einfamilienhäuser, die

Haeslers Stil nachahmen. Die ehemals zentral gelegenen Mietergärten wurden zerstört.

Der »Lungenflügel«, das Ende von Zeile 1 sowie das Wasch- und Badehaus wurden erhalten. Dort befindet sich heute das Haesler-Museum. Im ehemaligen Versorgungsgebäude wird ein Eindruck vom damaligen Leben in einer **Bauhaus**-Siedlung vermittelt. Vielfältige Ausstellungsstücke werden präsentiert und sachkundig erläutert. Zu besichtigen sind auch eine Arbeiter-Bauhaus-Wohnung mit originaler Einrichtung der 1930er Jahre, eine Flüchtlingsunterkunft von 1945 sowie eine möblierte Arbeiterwohnung der 1950er Jahre. Mit seiner umfassenden Foto- und Dokumentensammlung und den vielen Originalbauteilen und Möbeln ist das Haesler-Museum einmalig.

Unklar ist die Zukunft der Haesler-Bauten des zweiten Bauabschnitts am Blumläger Feld. Die Stahlskelettkonstruktion ist mittlerweile stellenweise wegen Feuchtigkeit korrodiert. Wegen statischer Bedenken wurde 2018 allen Mietern gekündigt. Es werden verschiedene Ansätze diskutiert, wie die architektonische Meisterleistung Haeslers auch für die Nachwelt sichtbar bleiben kann. Ebenso wie damals sind dabei auch heute noch die Kosten das bestimmende Thema.

Haesler und das Bauhaus

Neue Maßstäbe in der Architektur in Celle setzte ab 1923 Otto Haesler. Mit seinen Siedlungen und der weltweit beachteten »Glasschule« schaffte Haesler den Durchbruch zur Moderne und wurde zu einem der Pioniere der Bauhaus-Architektur. Seine Gebäude brachten ihm Anerkennung und dienten als Anschauungsobjekte für Bauhausschüler. Haesler galt als Kandidat für den Posten des Stadtbaurats in Frankfurt am Main, als Leiter der Hochschule für Baukunst in Weimar sowie für die Nachfolge von Hannes Meyer als Leiter des Bauhauses in Dessau. Die politischen Entwicklungen setzten dem jedoch 1933 ein Ende.

40 | Kloster Wienhausen

Führung Apr.–Okt.: Di–Sa 13.30/15/16 Uhr, So 12/13.30/15/16 Uhr, **Kloster-/Textilmuseum** Apr.–Okt.: Di–Sa 13.30–17 Uhr, So 12–17 Uhr

Ein beliebtes touristisches Ziel im Landkreis Celle stellt das Kloster in Wienhausen dar (An der Kirche 1, 29342 Wienhausen). Herzogin Agnes, Schwiegertochter Herzog Heinrichs des Löwen, hat es im 13. Jahrhundert als ihren Witwensitz aufgebaut. Der Hildesheimer Bischof Konrad II. bestätigte die Gründung 1233 und stattete es mit vielen Gütern aus. Auch in Wienhausen wurde unter Herzog Ernst dem Bekenner die lutherische Reformation durchgeführt. Trotz Widerstandes wurde aus dem katholischen Nonnen- ein evangelisches Frauenkloster. Der Herzog ließ zahlreiche Wirtschaftsgebäude abbrechen, zog einen großen Teil des Klostervermögens ein und verkleinerte den Konvent auf 26 Konventualinnen.

Heute setzt sich die Klostergemeinschaft aus einer Äbtissin und etwa zwölf Konventualinnen zusammen, einige von ihnen wohnen im Alten- und Pflegekloster Marienwerder in Hannover. Sie bilden eine Lebensgemeinschaft auf christlicher Grundlage mit gemeinsamen Gottesdiensten und Andachten. Zu ihren Aufgaben gehören die Pflege der bedeutenden Kunstschätze und die Öffentlichkeitsarbeit. Der Klosteralltag ist bestimmt von Führungen durch das Kloster. Angeboten werden auch Themenführungen, beispielsweise zu den kunstvollen spätgotischen Malereien im Nonnenchor und zum 500 Jahre alten Marienaltar.

Im Klostermuseum werden Objekte aus der fast 800-jährigen Klostergeschichte präsentiert, darunter die erste urkundliche Erwähnung des Nonnenkonvents von 1229 sowie die älteste, vollständig erhaltene Brille der Welt (14. Jahrhundert) aus dem »Fund im Nonnenchor« von 1953. Die Sammlung der zwischen 1300 und 1480 entstandenen gotischen Bildteppiche bildet den kostbarsten Schatz des Klosters. Die im sogenannten Klosterstich erstellten Teppiche zeigen sowohl religiöse als auch weltliche Themen. Die Ausstellung kann ab Mitte Mai mit dem Audiophone besichtigt werden, persönliche Führungen sind mit Anmeldung möglich. Seit 2006 wird Interessierten die Tradition des Klosterstichs in mehrtägigen Kursen vermittelt. Das einzigartige Ambiente und die reizvolle Stimmung des Klosters wird auch für Vorträge und hörenswerte Konzerte im Sommerrefektorium genutzt.

Nonnenchor

41 | Gedenkstätte Bergen-Belsen

Anne Frank
1929–1945, Holocaust-Opfer. Anne Frank wurde in Frankfurt am Main geboren und wanderte 1934 mit Eltern und Schwester Margot in die Niederlande aus, um der Juden-Verfolgung zu entgehen. Ab Juli 1942 versteckte sich die Familie in einem Hinterhaus in Amsterdam. In diesem Versteck schrieb Anne Frank ein Tagebuch, das nach dem Krieg veröffentlicht wurde. Im August 1944 wurde Familie Frank verraten, verhaftet und in das KZ Auschwitz-Birkenau deportiert. Im November 1944 wurden Anne und Margot Frank nach Bergen-Belsen transportiert, wo sie wenige Wochen vor der Befreiung des Lagers starben.

Dokumentationszentrum Apr.–Sep.: 10–18 Uhr; Okt.–März: 10–17 Uhr (Anne-Frank-Platz, 29303 Lohheide)

1939 richtete die Wehrmacht am Rande des Truppenübungsplatzes Bergen ein Barackenlager für zunächst 600 belgische und französische Kriegsgefangene ein. Bis Herbst 1941 kamen mehr als 21 000 sowjetische Gefangene dazu. 14 000 von ihnen starben dort allein von Juli 1941 bis April 1942 an Hunger, Seuchen und Kälte. Wegen fehlender Unterkünfte mussten viele auf freiem Feld und in Erdhöhlen leben. Im April 1943 trennte die SS im südlichen Teil ein »Austauschlager« für jüdische Häftlinge ab. Bis Ende 1944 kamen mindestens 14 600 Juden dorthin, die meisten aus Ungarn und den Niederlanden, unter ihnen auch **Anne Frank**. Ab Frühjahr 1944 verschlechterten sich die ohnehin schlechten Lebensbedingungen der Häftlinge dramatisch. Wegen der Räumung frontnaher Konzentrationslager wurden bis Mitte April 1945 mindestens 85 000 Häftlinge nach Bergen-Belsen transportiert.

Bei der Befreiung des Konzentrationslagers am 15. April 1945 fanden britische Soldaten Tausende unbestattete Leichen und Zehntausende todkranke Menschen vor.

Insgesamt kamen in dem Lager 52 000 KZ-Häftlinge aus vielen Ländern Europas um oder starben an den Folgen ihrer Haft. Die britische Armee richtete Nothospitale und in der nahegelegenen Kaserne ein Camp für »Displaced Persons« ein. Es war mit zeitweise 12 000 Menschen belegt und somit das größte jüdische DP-Camp Deutschlands.

1946–1952 wurde ein Teil des Lagergeländes zur Gedenkstätte umgestaltet und ein Mahnmal gebaut. Im April 1966 wurde ein erstes Dokumentenhaus mit einer Ausstellung zur Geschichte des KZ Bergen-Belsen eröffnet, die 1990 erweitert wurde. 2007 eröffnete das heutige Dokumentationszentrum. Gezeigt werden Dauerausstellungen zum Konzentrationslager Bergen-Belsen, dem DP-Camp und zu den Kriegsgefangenenlagern in der Lüneburger Heide sowie wechselnde Sonderausstellungen. Zu sehen sind historische Zeugnisse und Objekte im Zusammenhang mit Videointerviews und Erinnerungsberichten. Ziel der Ausstellung ist es, die individuelle Geschichte der Überlebenden aufzuarbeiten und den ehemaligen KZ-Häftlingen und Kriegsgefangenen wieder Stimme und Gesicht zu geben. Für Personen unter 14 Jahren ist die Dauerausstellung nicht geeignet. Die Außengestaltung des ehemaligen Lagergeländes wurde 2012 fertiggestellt.

Massaker vom 8. April 1945
Ein Luftangriff hatte am Güterbahnhof verheerende Schäden angerichtet und auch einen Zug mit etwa 4000 KZ-Häftlingen getroffen. NS-Formationen und Bürger jagten die Überlebenden, wobei über 170 Flüchtige ermordet wurden. Einige der Eingefangenen wurden nach Bergen-Belsen getrieben, andere in der Infanteriekaserne (heute Neues Rathaus) eingesperrt, wo sie vier Tage später von britischen Soldaten befreit wurden. Von den dafür 1947 angeklagten 14 Cellern wurden sieben verurteilt. Die letzten Täter waren 1952 wieder auf freiem Fuß. Seit 1992 erinnert ein Mahnmal in der Triftanlage an das Massaker.

Celle. Ein Stadtrundgang
Herausgegeben von Mark Lehmstedt

Text: Florian Friedrich
Lektorat: Kristina Schulze/Lehmstedt Verlag
Karte: OpenStreetMap-Mitwirkende, geodressing.de
Fotos: Günter Müller, außer: Florian Friedrich (U4 o., S. 51), Hajo Dietz/Nürnberg Luftbild (S. 4), Raymond Faure (S. 5, 13, 52, 54), Jochen Quast (S. 9 o.), Hajotthu/CC BY-SA 3.0 (S. 11), Celle Tourismus und Marketing GmbH (S. 56), Kloster Wienhausen (S. 60), U. Löper/Kloster Wienhausen (S. 61), Arnold Plesse/CC BY-SA 3.0 (S. 62), Losch/CC BY-SA 3.0 (S. 63), Verlagsarchiv
Gestaltung: Mareike Bardenhagen/Lehmstedt Verlag
Druck: druckhaus köthen GmbH & Co. KG, Köthen (Anhalt)

Umschlag:
1: Altes Rathaus und St. Marien
2: Stechbahn
3: Stadtansicht von Matthäus Merian, 1654
4: Marktplatz, um 1845
5: Pipenposten vor dem Hoppener Haus
6: Stadtwappen am Alten Rathaus

1. Auflage, 2024
ISBN 978-3-95797-172-2